MONTAIGNE

JACQUES CHABAN-DELMAS

MONTAIGNE

MICHEL LAFON

DU MÊME AUTEUR

L'ARDEUR
Éditions Stock, 1975

DE GAULLE
Éditions Paris-Match, 1984

LA LIBÉRATION
Éditions Paris-Match, 1984

LES COMPAGNONS
Albin Michel, 1986

LA DAME D'AQUITAINE
RMC Éditions, 1987

Au lecteur

J'ai découvert Montaigne à l'âge de seize ans. Après un échec scolaire qui avait sans nul doute mis à mal mon orgueil, je me suis lancé le défi de rédiger un mémoire sur les Essais, *ignorant que leur auteur condamnait les excès de zèle. Il avait raison : ce mémoire tomba dans l'oubli.*

Mais moi j'étais entré dans la forteresse d'Aquitaine ! Une œuvre difficile, à lire avec parcimonie et à méditer longuement. Depuis, je n'ai cessé d'y aller puiser des leçons de bien-vivre. Savoir qu'on ne sait rien, cultiver le doute comme prudence de raisonnement, se consacrer au service public sans s'y perdre, refuser toute forme d'exclusion, accepter les divergences d'opinion sans renoncer à ses propres idées : l'humaniste qui me précéda glorieusement à la mairie de Bordeaux m'apprenait, à chacune de mes visites, l'humble héroïsme du quotidien, comme plus tard le fit le général de Gaulle, pour lequel aussi il n'y avait d'autre querelle qui vaille que celle de l'homme.

Alors j'eus envie de partager mes découvertes, de dire, à l'instar de Flaubert : « Lisez Montaigne, lisez-le lentement. Et quand vous aurez fini, recommencez. »

Mais la forteresse d'Aquitaine reste immense, et il faut souvent cheminer dans quelques zones d'ombre avant de savourer ses passages éclatants de lumière et de simplicité. Aussi ai-je souhaité en mettre au jour quelques endroits « choisis », pour mieux étayer la réflexion qu'ils m'inspiraient, et qu'ils peuvent inspirer à tout honnête homme d'aujourd'hui.

Pour ce faire, des années durant, avec Philippe Guilhaume, nous avons approfondi notre lecture et confronté nos points de vue, essayant de sortir de ces pages de la Renaissance des chemins de pensée pour nos contemporains. En l'époque actuelle où les dogmatismes de toute sorte brident les progrès de l'être humain, où tant de fanatismes s'affrontent, où resurgissent les peurs et où, en même temps, beaucoup paraissent se désintéresser de la vie publique comme de la perfectibilité de leur existence personnelle, il nous a semblé que Montaigne, plus que jamais, redevenait d'actualité, pour peu que nos compatriotes s'en avisent.

Ce livre de bonne foi leur est destiné.

Jacques Chaban-Delmas

Lisez Montaigne, lisez-le lentement.
Et quand vous aurez fini, recommencez.

Gustave FLAUBERT

Il demeure notre contemporain, l'homme d'aujourd'hui et l'homme de toujours, et son combat est resté le plus actuel de tous.

Stefan ZWEIG

LIVRE I

*« Il faut frotter
et limer notre cervelle
contre celle d'autrui. »*

(Livre Ier, chapitre 26)

Chapitre 1

« J'ai mis tous mes efforts à former ma vie... »

(Livre Ier, chapitre 19)

« Je naquis entre onze heures et midi, le dernier jour de février 1533. [1] » Si Montaigne est très précis sur sa naissance, malgré les recherches des érudits bordelais les origines de la famille Ayquem ou Eyquem, comme on écrivait également en Aquitaine, sont encore relativement obscures.

Les premiers faits précis concernent l'arrière-grand-père de Michel de Montaigne, Ramon Eyquem (1402-1478). C'est un riche marchand établi à Bordeaux, sur la paroisse de Saint-Michel, dans la rue de la Rousselle, et aussi un armateur prospère; c'est à cet ancêtre que les Montaigne doivent leur fortune : « Tout ce qu'il y a des dons de la fortune chez nous, il y est avant nous, et depuis plus de cent ans. [1] » De nombreux actes et documents montrent cet ancêtre faisant un commerce d'exportation fort important, effectuant fréquemment des chargements

---

1. *Livre Ier, chapitre 19.*

de navires pour l'Espagne, l'Angleterre ou les Flandres : il exporte surtout le pastel, les vins et les harengs. Soucieux de développer son influence et ses ressources, il devient fermier des revenus de l'archevêché de Bordeaux et fermier des revenus de l'ordre du Temple [1].

C'est encore Ramon Eyquem qui acquiert, selon l'acte du notaire Dartigamala, en date du 10 octobre 1477, les maisons nobles de Montaigne et de Belbeys, avec les vignes, bois, terres, prés et moulins y attenant. Situé à quelques kilomètres de la rive droite de la Dordogne, juché sur un haut tertre baigné par le Lidoire, petit affluent, le domaine de Montaigne est un arrière-fief qui dépend pour la justice et pour l'hommage féodal de la baronnie de Montravel, laquelle, depuis l'an 1300, est vassale de l'évêché de Bordeaux. C'est donc à l'archevêque de Bordeaux que les propriétaires de la seigneurie de Montaigne doivent l'hommage, et les Eyquem se soumettront à ce dernier lorsque l'occasion l'imposera. C'est cette acquisition de Ramon qui permettra à Michel, son arrière-petit-fils, d'oublier le nom patronymique (et roturier !) d'Eyquem pour s'appeler Montaigne, et faire peindre en la chapelle de son château de superbes armoiries en couleurs, jaune, bleu et noir : « Je porte d'azur semé de trêfles d'or, à une patte de lion de même, armée de gueules, mise

1. *C'est-à-dire qu'il avait obtenu que l'archevêché de Bordeaux et l'ordre du Temple lui délèguent l'administration de leurs revenus – y compris la collecte fiscale – moyennant une redevance forfaitaire.*

en face... » Volonté de noblesse assez représentative d'une bourgeoisie aisée qui cherchait par tous les moyens à accéder aux apparats et privilèges de l'aristocratie.

Un des fils de Ramon Eyquem, qui poursuivit son fructueux commerce d'exportation, fit définitivement reconnaître à la famille la possession seigneuriale de la terre noble de Montaigne. Il eut six enfants, deux filles, peu connues, et quatre garçons. Deux d'entre eux, Thomas et Jean, entrèrent dans les ordres. Le troisième, Raymond, après avoir hésité à entrer également dans les ordres – il fut un temps nommé à la cure de La Houtan (1533) – prit une charge de conseiller au parlement de Bordeaux. Le dernier était Pierre, homme de tête et de forte personnalité, le père de Montaigne.

Les ascendants de Pierre Eyquem ont été négociants ou religieux. Lui sera soldat. Tout l'y autorise : il est reconnu noble, il a le goût des voyages comme de l'aventure et jouit d'une force physique peu commune. Né à Montaigne le 29 septembre 1495, grand, adroit, robuste, il excelle dans les exercices du corps. Michel de Montaigne le décrit sautant sur un cheval d'un seul bond ou faisant le tour d'une table en se soutenant sur les deux pouces...

A la mort de son père, Pierre Eyquem devient seigneur de Montaigne, à l'âge de vingt-quatre ans. Après avoir rendu hommage à l'archevêque de Bordeaux, il ne tarde pas à passer les montagnes pour aller en Italie chercher les émotions de la guerre, et la fascination de gloire que paraissent promettre les expéditions italiennes depuis les premières chevauchées victorieuses de Charles VIII et de Louis XII. Entreprises chevaleresques où s'épanouit la bouillante générosité de la jeunesse française, au premier rang de laquelle on trouve la noblesse gasconne, si ardente qu'on l'appellera bientôt « la pépinière des armées »...

Lorsque Pierre Eyquem rejoint l'armée d'Italie, néanmoins, les temps ont changé : l'empereur Charles Quint menace la France de toutes parts et les guerres en Italie sont devenues le moyen, en combattant l'empereur dans la Péninsule, de le distraire de ses ambitions sur le sol français. Pierre Eyquem fut sans doute le témoin de la défaite de Pavie, à l'issue de laquelle François Ier renonça à toute prétention sur le Milanais, mais, plus que le goût amer des défaites militaires, il acquit en Italie ce que la France gagna elle-même à ces folles entreprises : l'amour des lettres, le culte de ceux qui les professent, le désir d'apprendre : « Mon père, écrit Michel, échauffé de cette ardeur nouvelle de quoi le roi François embrassa les lettres », recherchait « les sentences et discours des hommes doctes [savants], les recevant chez lui comme personnes saintes, (...) recueillant leurs sentences et leurs discours comme des oracles (...). Sa maison était ouverte aux gens de savoir, et en était fort connue. »

C'est aussi « sur le chemin de son retour d'Italie » que Pierre Eyquem se marie, à l'âge de trente-trois ans, avec Antoinette de Louppes, jeune personne agréable, héritière d'une riche famille d'origine espagnole établie dans le midi de la France. Consacrée le 15 janvier 1528, cette union accroît de manière notable les biens déjà considérables du seigneur de Montaigne.

Sa disponibilité et la réputation de courage gagnée à la guerre désignent Pierre Eyquem à ses concitoyens qui, pendant vingt-cinq ans, vont le requérir pour des emplois publics : Pierre Eyquem sera successivement jurat, prévôt, premier jurat puis, à partir de 1538, sous-maire et donc garde des sceaux de la ville de Bordeaux. A ce titre on imagine qu'il fut, sinon acteur, du moins témoin attentif du grand soulèvement de 1548, par lequel les Bordelais manifestèrent leur opposition résolue à l'établissement de la gabelle, contraire aux privilèges que le roi Louis XI avait confirmés à la ville en 1464.

Élu maire de Bordeaux – cité suspecte en raison de ce soulèvement – en 1554, Pierre Eyquem va se dépenser sans compter, multipliant les voyages à Paris pour obtenir du roi le pardon de la révolte... et le rétablissement des privilèges de sa ville. On raconte que, plus confiant dans la séduction des vins qu'en sa propre éloquence, il se fait suivre de vingt tonneaux de vin de Bordeaux « pour faire des présents » aux dignitaires qu'il espère gagner à la cause de la cité.

Soldat, homme public, Pierre Eyquem est bon catholique et, de ce fait notoire, il obtient de l'archevêque de Bordeaux, suzerain de la seigneurie de

Montaigne, l'autorisation de fortifier son château : « Pour ce qui est de nous, écrit l'archevêque de Bordeaux, ayant égard à sa requête et aux agréables services qu'il nous a rendus, comme il le fit à nos prédécesseurs, nous lui avons permis de se clore et de se fortifier sans préjudice de nos droits. »

Mais Pierre Eyquem est surtout préoccupé de l'éducation de son fils Michel. Suivant l'usage alors en vigueur, c'est en effet le père qui est investi de l'éducation des garçons, la mère ayant à charge d'élever les filles. Pierre Eyquem fut attentif à ce que Michel fût élevé avec tous les soins, attentif notamment à ce que, dès sa naissance, lui fût prodiguée une leçon d'humilité. C'est ainsi que Michel fut tenu sur les fonts baptismaux par des personnes « de la plus abjecte fortune [1] » et tenu en nourrice dans une humble famille, afin que l'enfant garde de ses premiers temps des goûts simples et modestes : « Le bon père que Dieu me donna, écrit Montaigne, m'envoya dès le berceau à un pauvre village – le hameau de Papassus – et m'y tint aussi longtemps que je fus en nourrice, et encore après, me dressant à la plus basse et commune façon de vivre (...). Il souhaitait que je me sente près du peuple et de sa façon de vivre, et proche de la condition des hommes qui ont besoin de notre aide; il voulait que je regarde plutôt vers celui

1. *Plus d'un siècle plus tard Montesquieu était tenu sur les fonts baptismaux de La Brède (Guyenne) par un mendiant, « à cette fin que son parrain lui rappelle toute sa vie que les pauvres sont ses frères ».*

qui me tend les bras, que vers celui qui me tourne le dos... [1] »

Observant ensuite qu'on perd au collège un temps considérable à apprendre les langues anciennes, et que c'est la seule cause qui empêche l'homme d'arriver à la science et à la grandeur d'âme des anciens Grecs et Romains, Pierre Eyquem imagine d'interdire autour de son fils tout usage du français et de ne lui faire entendre que les sons de la langue latine. Il engage à grand frais un précepteur, un savant Allemand nommé, à ce qu'on croit Horstamus, « mors fameux médecin en France », qui ne sait rien du français, mais est rompu au latin... et défend à quiconque de s'adresser à l'enfant en français ou en gascon. « Le langage latin, écrit Montaigne, m'est comme naturel. Je l'entends mieux que le français. A des extrêmes ou soudaines émotions où je suis tombé deux ou trois fois dans ma vie, j'ai toujours élancé du fond de mes entrailles des paroles latines... [2] »

Le latin, et plus accessoirement le grec, n'étaient point les seuls objets d'éducation de l'enfant. « Mon père avait été conseillé de me faire goûter la science et le devoir par une volonté non forcée et de mon propre désir, et d'élever mon âme en toute douceur et liberté, sans rigueur ni contrainte (...), au point que comme certains craignent que cela trouble la cervelle tendre des enfants de les éveiller le matin en sursaut et de les arracher au sommeil tout à coup et par violence, il me faisait éveiller par le son

---

1. *Livre III, chapitre 13.*
2. *Livre Ier, chapitre 25.*

de quelques instruments, et ne fus jamais sans un homme qui m'en joua. [1] » Comment ne pas être ému d'un tel geste d'affection paternelle : « Cet exemple suffira à juger le reste et à comprendre la prudence et l'affection d'un si bon père, auquel il ne faut pas faire reproche, s'il n'a recueilli aucun fruit répondant à une si exquise éducation. [2] »

On imagine que Michel est bien préparé à suivre les cours du collège lorsque son père, craignant de faire fausse route en s'égarant trop longtemps du sentier battu, veut se conformer à l'opinion commune et le fait entrer, vers l'âge de six ans, au collège de Guyenne, « très florissant alors, et le meilleur de France ». Sans doute Pierre Eyquem a-t-il eu le cœur un peu serré en prenant cette décision; il connaît la rigueur de la discipline de ce collège : une surveillance de tous les instants sur l'habillement, la conversation et les exercices, rigueur dont il devine combien son fils, éduqué jusqu'alors en liberté, va souffrir. Montaigne écrira : « Entre autres choses, cette police qui s'exerce dans la plupart de nos collèges m'a toujours déplu... C'est une vraie geôle pour jeunesse captive. Allez-y au moment du travail : vous n'entendez que cris d'enfants suppliciés et de maîtres ivres de colère. Quelle pire manière pour donner goût aux leçons que d'y guider les enfants d'un visage rébarbatif, les mains armées de fouets ? [3] »

---

1. *Livre Ier, chapitre 25.*
2. *Livre Ier, chapitre 26.*
3. *Idem.*

Trop accoutumé à la liberté, Montaigne supporte mal la contrainte des cours et des leçons. La méthode d'apprentissage le rebute : on lui demande d'apprendre tout par cœur, lui qui « souffre déjà d'incroyable défaut de mémoire ». Les programmes ne lui plaisent pas davantage. Ils ne s'appliquent pas à former le jugement et n'entraînent pas à réfléchir par soi-même. Tout l'enseignement est subordonné au latin. Dans les dernières classes on enseigne l'histoire ancienne et les préceptes de l'art oratoire. Des sciences on ne fait goûter « que la croûte première », de la philosophie on ne montre « que les parties les moins attrayantes », on n'enseigne pas l'art de compter, ce qui est surprenant dans une ville de négoce florissante comme était Bordeaux. Bref Montaigne apprend « un peu de chaque chose, et rien du tout, à la française. Car en somme je sais qu'il y a une médecine, une jurisprudence, quatre parties en la mathématique et grossièrement ce à quoi elles visent ».

C'est à peu près tout et « il n'est pas d'enfant des mêmes classes qui puisse se dire plus savant que moi ». Fort heureusement un précepteur, homme d'entendement, secoue cette torpeur. Moins didactique, ce pédagogue resté anonyme s'aperçoit que son élève a « des imaginations hardies, et des opinions au-dessus de son âge ». Il reconnaît sous l'enveloppe endormie et pesante un amour immodéré de la poésie, sait donner aux auteurs une riante séduction et faire jaillir chez Montaigne l'étincelle qui ne s'éteindra plus. Rendant grâce au bon sens de ce précepteur, celui-ci écrira que, sans lui, « j'estime que je n'eusse rapporté du collège que la haine des livres, comme fait quasiment toute la noblesse ».

Entré au collège vers six ans, Montaigne en sortit à treize ans, ayant parcouru le cycle complet des études humanistes, « sans aucun fruit que je puisse à présent mettre en compte »... Il fut ensuite envoyé fréquenter selon toute probabilité l'école de droit de Toulouse [1] puis dut passer une ou deux années dans l'une de ces académies où se formaient les fils de bonne famille. En janvier 1555, il est nommé conseiller à la cour des aides de Périgueux, en remplacement de son père qui vient d'être élu maire de Bordeaux...

A regarder la jeunesse de Montaigne, on voit combien le futur auteur des *Essais* doit à son père. Michel n'en fait d'ailleurs pas mystère : « Je me glorifie, assure-t-il en 1588, que sa volonté s'exerce encore et agisse par moi. A Dieu ne plaise que je laisse faillir entre mes mains aucune image de vie que je puisse rendre à si bon père. [2] » Cette filiale reconnaissance confine même à la dévotion : « Je ne m'habille guère que de noir ou de blanc, à l'imitation de mon père (...) [3] » et, même témoignage touchant

---

1. *Cf. chapitre 8 : « Nous ne faisons que nous entregloser. »*
2. *Livre III, chapitre 9.*
3. *Livre Ier, chapitre 36.*

de piété filiale, « je n'ai point ôté de mon cabinet les longues gantes que mon père portait ordinairement en la main... [1] »

Pourtant Montaigne évoque les erreurs de son éducation particulière, erreurs qui sont au nombre de trois. Il avoue d'abord l'indiscipline de son caractère, réfractaire à toute autorité : « Élevé en mon enfance d'une façon molle et libre et n'ayant eu à souffrir nulle sujétion forcée, je suis devenu par là incapable de sollicitude et de discipline... J'ai une âme libre et tout entière. Cette âme, heureusement née droite et généreuse, eût été en péril peut-être si la nature n'eut suppléé aux défauts de l'éducation. Ma vertu est une vertu, pour mieux dire accidentelle et fortuite. Si je fusse né d'une complexion plus déréglée, je crains qu'il ne fût allé piteusement de mon fait (...). Je dois plus à la fortune qu'à la raison. Elle m'a fait naître d'une famille fameuse en prud'homie, et d'un très bon père... Je ne sais si les exemples familiaux et la bonne éducation de mon enfance y ont insensiblement aidé, ou si je suis ainsi né, mais j'ai la plupart des vices en horreur... [2] »

Montaigne reconnaît ensuite la licence de ses propos, aussi bien liberté des idées que crudité du langage, licence de propos qu'il avoue tenir de l'un de ses précepteurs, Marc Antoine Muret, auquel son éditeur adresse un jour des remontrances élo-

---

1. *Livre II, chapitre 17.*
2. *Livre II, chapitre 11.*

quentes : « Non seulement mon caractère mais mon âge m'interdisent les badinages et les jeux de l'amour; je suis plus voisin de la vieillesse que de la jeunesse. Écartez donc je vous prie, dans les lettres que vous m'adresserez, les plaisanteries érotiques. »

Enfin Montaigne déplore chez lui une extrême nervosité, un état de perpétuelle inquiétude et une endurance physique insuffisante : « Ce n'est pas assez de roidir l'âme, il faut roidir les muscles. Je sais combien peine la mienne [mon âme] en compagnie d'un corps si tendre... [1] »

Montaigne ne considère pas que la fin de son éducation ait marqué la fin de sa formation. Plus tard, pour quelque temps, il choisira comme devise un adage sceptique : « Que sais-je ? » Mais il considère que la qualité et la forme de l'éducation sont essentielles, une éducation – « l'une des plus ardues besognes que je sache » – qui ne bride pas la nature, mais qui la fortifie.

1. *Livre Ier, chapitre 24.*

Chapitre 2

« Les ânes chargés de livres... »

(Livre Ier, chapitre 26)

On voit aujourd'hui en France
Cette peste d'ignorance
A l'air et le peuple épris.
Elle est faite épidémie,
Elle est des princes l'amie,
Rarement de leurs esprits. [1]

Presque tous les humanistes de la Renaissance, Érasme, Guillaume Budé, Thomas Morus, Rabelais... et Montaigne ont contesté rudement le système éducatif hérité du Moyen Âge qui, pour l'essentiel, revenait à méditer quelques dogmes religieux ou philosophiques en se référant à l'autorité des auteurs anciens grecs et latins ou, le plus souvent, des scoliastes (commentateurs professionnels). Ce système

1. *Agrippa d'Aubigné, 1552-1630, Préface du* Printemps *(1571).*

éducatif, soigneusement encadré par l'Église – dont les clercs fournissaient l'essentiel des interprétations et conservaient les textes – était fondé sur trois disciplines : la grammaire, c'est-à-dire l'étude du latin, la scolastique, qui se préoccupe davantage des techniques de l'argumentation que du contenu, et la théologie, le plus souvent limitée à l'étude des interprétations faites par les Pères de l'Église (saint Augustin, saint Thomas...) des textes bibliques [1].

Les premiers humanistes, Érasme (1469-1536), Guillaume Budé (1468-1540) et Thomas Morus (1480-1535), préconisent d'une part de s'intéresser aux faits de civilisation, d'autre part d'écarter la glose des interprétateurs professionnels pour s'intéresser directement aux textes d'origine, démarche qui fut favorisée par les progrès de l'imprimerie : la rapidité de diffusion des livres affranchissait de la tutelle du clergé, jusqu'alors seul dépositaire des textes.

Érudit, juriste, médecin, Rabelais, prodigieux conteur, ne ménage pas les critiques et railleries qu'il adresse aux « sorbonicoles » accusés de vouloir enrayer le progrès des idées nouvelles. Lui-même « abîme de science », il revendique une éducation encyclopédique comme en témoigne, de façon parodique, le programme imposé à Gargantua par son

---

1. *Au début du* XVI*e siècle, la vieille Sorbonne apparaît comme le refuge des scolastiques attardés et des théologiens qui redoutent que l'esprit de libre examen favorise « l'esprit de Réforme ».*

précepteur Ponocrates [1] : la formation du jeune géant doit couvrir tous les domaines, artistique, littéraire, juridique, religieux, scientifique, moral, diététique... sans oublier les exercices du corps. Son attention ne doit pas un instant se relâcher et même il est entraîné au cumul : il a sa leçon de choses en mangeant, il doit savoir tenir son livre d'une main pour pouvoir lire en nageant en eau profonde, il doit s'instruire sur les Écritures en procédant à sa toilette...

S'il est aussi critique envers la tradition scolastique, Montaigne refuse cette pédagogie de gavage en même temps qu'il dénonce la discipline excessive et uniforme des collèges religieux : puisque chaque enfant est différent, il faut aider chacun à se connaître, à former son propre jugement et à devenir, à partir de sa propre nature, meilleur et plus sage.

Puisque « le monde n'est qu'une branloire pérenne [2] », empli de mouvances et de contradictions, l'éducation est nécessaire pour assurer à l'individu une permanence, une continuité à sa propre personnalité. Il convient donc d'apprendre à chacun à se connaître, ce qui implique que « pour tout ceci je ne veux pas qu'on emprisonne ce garçon. Je ne veux pas qu'on l'abandonne à l'humeur mélancolique d'un furieux maître d'école. Je ne veux pas corrompre son

---

1. Gargantua *(chapitres 23 et 24).*
2. *Livre III, chapitre 2. L'expression signifie : balançoire perpétuelle.*

esprit en le condamnant à la torture de quatorze ou quinze heures de travail, comme un portefaix... [1] »

Se connaître soi-même, sujet difficile à cerner, « merveilleusement vain, divin et ondoyant [2] », pour, à travers cette diversité, repérer ce qu'il en est de l'homme, « l'homme en général de qui je cherche la connaissance [3] ». Il convient que l'homme apprenne à découvrir ce qu'il est, « on n'extirpe pas ces qualités originelles, on les couvre, on les cache [4] ». C'est pourquoi il convient que le pédagogue adapte son enseignement à son élève, et non l'inverse, ce qui est « une des plus ardues besognes que je sache ».

C'est à une attitude de disponibilité, de recherche vis-à-vis de la connaissance qu'il faut entraîner l'élève plutôt que de prétendre en faire « des abîmes de science ». Montaigne, qui a retenu un temps comme devise un adage sceptique (« Que sais-je ? ») entend bien que l'éducation ne soit ni gavage de connaissances, lesquelles ne sont que relatives, comme en témoigne le mouvement des idées, des sciences et des techniques, ni ingestion forcée d'idées préconçues : « Ce n'est que la faiblesse qui nous fait nous satisfaire de ce que d'autres, ou nous-mêmes avons déjà trouvé. Il y a toujours place pour un progrès et il existe toujours un autre chemin. Il ne doit pas y avoir de terme à nos investigations (...). La recherche de la connaissance est une démarche qui

1. *Livre Ier, chapitre 26.*
2. *Livre Ier, chapitre 1.*
3. *Livre II, chapitre 10.*
4. *Livre III, chapitre 2.*

n'est jamais achevée (...), c'est un mouvement irrégulier, perpétuel, sans modèle (...), ses inventions (...) se suivent et s'entreproduisent l'une, l'autre », comme l'évoquent poétiquement ces vers de La Boétie, qu'il cite de mémoire [1] :

Ainsi voit-on, en un ruisseau coulant,
Sans fin l'une eau après l'autre roulant,
Et tout de rang d'un éternel conduit,
L'une suit l'autre, et l'une l'autre fuit.
Par celle-ci, celle-là est poussée,
Et celle-ci par l'autre est devancée :
Toujours l'eau va dans l'eau, et toujours est-ce
Même ruisseau, et toujours eau diverse.

A la différence de Rabelais, qui jugeait utile de définir non seulement des matières d'enseignement, mais encore un programme précis et singulièrement copieux, Montaigne se préoccupe de la manière d'enseigner. Comme Rabelais cependant il limite sa réflexion pédagogique aux enfants – mâles – de famille noble ou aisée : il s'agit d'un modèle idéal d'éducation individuelle et aristocratique pour lequel est nécessaire un conducteur, ou un « gouverneur » – c'est-à-dire un précepteur qui ait « plutôt la tête bien faite que bien pleine » :

1. *Livre III, chapitre 13.*

« A un enfant de noble famille qui recherche les lettres, non pour le gain, ni pour briller en public ou obtenir une faveur (commodités externes), mais pour s'en enrichir et parer au-dedans, ayant plutôt envie de devenir habile homme plutôt qu'homme savant, je voudrais qu'on fût soigneux à bien choisir un précepteur, qui ait plutôt la tête bien faite que bien pleine et qui se préoccupe plus de l'éducation des mœurs et de l'entendement que de l'accumulation des connaissances, et qu'il se conduisît en cette responsabilité de nouvelle manière. [1] » Montaigne précise la qualité de la relation qu'il souhaite installée entre le précepteur et l'élève, qui doit être différente de celle qu'il a connue élève au collège de Guyenne, dont il a gardé amer souvenir [2] : « On ne cesse de criailler à mes oreilles, comme qui verserait dans un entonnoir; et notre rôle ce n'est que redire ce qu'on nous a dit. Je voudrais que ce nouveau pédagogue souhaitable corrigeât cette méthode et que, dès l'abord, selon les capacités de l'élève qu'on lui a confié, il le mette en situation de goûter les choses, de les choisir et de les discerner d'elles-mêmes; quelquefois lui montrant le chemin, quelquefois le laissant le découvrir. Je ne veux pas qu'il invente et parle seul, je veux qu'il écoute son disciple [élève] parler à son tour. Socrate, et après lui Archesilas [3], faisaient d'abord parler leurs élèves, avant de

1. *Livre Ier, chapitre 26.*
2. *Idem.*
3. *Il s'agit d'Archesilas de Pitané, philosophe grec du IIIe siècle avant J.-C. qui fonda une académie.*

s'adresser à eux. « *Obest plerumque us qui discerne volunt, auctoritas eorum qui docent.* [1] »

Pour être bien conduite, cette relation pédagogique suppose que, soucieux d'adapter l'enseignement à son élève, le pédagogue s'efforce d'abord de connaître et comprendre cet élève : « Il est bon qu'il le fasse trotter devant lui pour juger de son train et évaluer ce qu'il lui faut accommoder pour s'adapter à son niveau. Sans cette adaptation nous gâtons tout ; mais de la choisir et de tenir avec mesure est l'une des plus ardues besognes que je connaisse ; c'est l'effet d'une âme haute et forte que de s'adapter à l'allure des enfants pour les guider. [2] »

Ces propos, qui révèlent la haute idée que Montaigne se fait du métier d'enseigner – lequel demande « âme haute et forte » – supposent que le pédagogue ne soit responsable que d'un petit nombre d'élèves pour que l'enseignement soit efficace : « Ceux qui, comme le comporte notre usage, entreprennent de conduire [enseigner] pour une même leçon plusieurs esprits de niveaux différents (...) risquent que seuls deux ou trois parmi eux en tirent quelque profit. » Est-ce à dire que cette relation pédagogique, qui souligne l'importance d'adapter l'enseignement à chaque enfant, soit à écarter de nos

---

1. *C'est une phrase de Cicéron : « L'autorité de ceux qui enseignent nuit le plus souvent à ceux qui veulent s'instruire. »*

2. *Livre Ier, chapitre 26.*

réflexions contemporaines où l'enseignement est devenu général, et « de masse » ? Sûrement pas, comme en témoigne la pratique américaine du *tutorship*, en vigueur dans de nombreuses universités, ou encore la constitution en France de groupes d'élèves de niveau homogène...

Encore cette préoccupation est-elle insuffisante si elle ne s'accompagne pas du souci de vérifier que l'élève a bien « assimilé » les connaissances : « Que le pédagogue ne demande pas seulement à l'élève compte des mots de sa leçon, mais qu'il l'interroge sur le sens et sur la substance de ce qui lui est enseigné, et qu'il juge du profit qu'il aura fait, non par le seul témoignage de sa mémoire, mais par celui de sa vie. Que ce que l'élève vient d'apprendre il lui fasse mettre en cent formes différentes, et accommoder en autant de sujets différents pour voir s'il l'a bien assimilé (...). C'est témoignage de crudité et indigestion que de regorger la viande comme on l'a avalée. L'estomac n'a pas fait son office, s'il n'a fait changer la façon et la forme de ce qu'on lui avait donné à cuire. [1] »

Enfin il convient, dit Montaigne, que soit entraîné et développé le sens critique des élèves, qu'ils ne soient pas nourris de certitudes imposées, mais apprennent à se forger leurs propres opinions : « Que le pédagogue lui fasse tout passer au crible et ne loge rien en sa tête par simple autorité – qu'il n'admette pas sans discernement les principes

1. *Livre Ier, chapitre 26.*

d'Aristote, ni ceux des stoïciens ou des épicuriens, mais qu'on lui propose cette diversité : il choisira, sinon demeurera incertain. Il n'y a que les fous qui soient ancrés dans leurs certitudes. *Che non men che saper dubbia m'aggrada.* [1] »

« Car s'il embrasse les opinions de Xénophon [2] et de Platon par sa propre réflexion, ce ne seront plus les leurs, mais les siennes. Qui suit un autre, il ne suit rien (...). Il faut qu'il emboîte leurs humeurs, non qu'il apprenne leurs préceptes. Et qu'il oublie hardiment, s'il veut, d'où il les tient, mais qu'il sache se les approprier (...). Les abeilles butinent deçà delà les fleurs, mais en font après le miel, qui est tout leur ; ce n'est plus thym, ni marjolaine (...), l'éducation, le travail et l'étude ne visent qu'à former l'enfant (...), à lui permettre de devenir meilleur et plus sage. [3] »

Admirables pages d'une permanente actualité...

Il faut apprendre aux enfants à libérer leur jugement à l'égard de toute autorité : « Notre âme n'évolue que liée et contrainte par les fantaisies d'autrui, asservie et rendue captive sous l'autorité des leçons. On nous a tant assujettis qu'on n'a plus de liberté... [4] » Ce n'est pas de cette façon qu'on

---

1. *« Car non moins que savoir douter m'est agréable » (Dante). Montaigne sème ainsi ses réflexions de souvenirs de lecture ou de citations retenues de ses lectures.*

2. *Xénophon (Vᵉ-IVᵉ siècle avant J.-C.), général et écrivain athénien, disciple de Socrate.*

3. *Livre Iᵉʳ, chapitre 26.*

4. *Idem.*

apprendra aux enfants à vivre, et rien n'est plus urgent qu'un enseignement qui aide à la conduite de la vie : « On nous apprend à vivre quand la vie est passée. Cent écoliers ont attrapé la vérole avant d'avoir étudié les leçons d'Aristote sur la tempérance... » Encore faut-il que ces leçons de vie ne soient pas exagérément rébarbatives et difficiles à suivre, mais que la vertu soit présentée « belle, triomphante, amoureuse, délicieuse et courageuse, ennemie de l'aigreur, du déplaisir et de la contrainte. (...) Le prix de la vraie vertu est l'utilité et le plaisir de son exercice (...) qui la rend accessible aux enfants comme aux hommes, aux hommes simples comme à ceux qui sont subtils. [1] »

Faut-il condamner Montaigne de proposer une morale facile, ou au contraire apprécier qu'il propose de faire apparaître comme attrayante une morale qui soit accessible à tous ? Leçon de réalisme, de bienveillance, d'humilité ainsi qu'il le confirme lorsqu'il prescrit d'habituer de bonne heure les enfants à confirmer leur ignorance : « Tous les abus du monde proviennent de ce qu'on nous apprend à craindre de faire profession de notre ignorance, et de ce que nous sommes obligés d'accepter ce que nous ne pouvons réfuter (...). On me fait haïr les choses vraisemblables quand on me les présente comme infaillibles (...), et si j'eusse eu à dresser des enfants je les eusse accoutumés à répondre de façon relative : qu'est-ce à dire ? Je ne comprends pas. Est-il exact ?

1. *Livre Ier, chapitre 26.*

Il se pourrait de telle sorte qu'ils ressemblent à des apprentis à soixante ans, plutôt que de ressembler à des docteurs à dix ans. [1] » « Fâcheuse suffisance qu'une suffisance purement livresque. [2] »

Le système éducatif décrit par Montaigne vise clairement à entraîner au jugement et à la vertu plutôt qu'à s'emplir la tête de science et connaissance. Cette formation ne saurait s'arrêter avec l'école, c'est un apprentissage qui se poursuit toute la vie parce « qu'il ne faut jamais cesser de frotter et limer notre cervelle contre celle d'autrui », exercice qui se pratique avec le commerce des hommes, la fréquentation du monde et les voyages qui sont fort utiles pour secouer les convictions trop installées, exercice qui se pratique aussi en « feuilletant les livres »...

1. *Livre III, chapitre 2.*
2. *Livre Ier, chapitre 26.*

Chapitre 3

« Je feuillette les livres, je ne les étudie pas : ce qui m'en demeure c'est chose que je ne reconnais plus. »

(Livre II, chapitre 10)

« Ma maison a toujours été accueillante aux savants, et en était réputée, car mon père qui l'a dirigée cinquante ans et plus, animé par l'ardeur nouvelle avec laquelle le roi François embrassa les lettres et les mit à la mode, rechercha avec beaucoup de soin l'amitié des hommes instruits, les recevant chez lui comme des personnes saintes et leurs discours comme des oracles, avec d'autant plus de religieuse considération qu'il avait peu de moyens d'en juger, car pas plus que ses parents, il n'avait aucune connaissance des lettres. Moi, je les aime bien... [1] »

Montaigne ajoute cependant qu'il ne les adore pas... Cela signifie-t-il qu'amateur de lectures, et grand consommateur de livres, il ne leur porte pas la révérence dont témoignait son père, ou bien plus sim-

1. *Livre II, chapitre 12.*

plement que les livres ne sont qu'un des moyens de parvenir à la connaissance, à la sagesse ? Cette amitié pour les livres était de la part d'un gentilhomme du XVIe siècle suffisamment exceptionnelle pour qu'on s'intéresse au récit qu'il nous fait de son éclosion, due à l'habileté d'un précepteur, « homme d'entendement ».

« Le premier goût que j'eus aux livres me vint du plaisir des fables de la *Métamorphose* d'Ovide [1]. A l'âge d'environ sept ou huit ans je me dérobais de tout autre plaisir pour les lire; d'autant que cette langue était ma langue maternelle [2] et que c'était le livre le plus facile que je connusse, et le plus approprié à mon jeune âge, à cause des sujets traités (...). Cela me rendait plus nonchalant à l'étude des autres leçons (...), là j'eus la chance d'avoir affaire à un précepteur « qui était homme d'entendement » et qui sut habilement exploiter ma débauche. C'est grâce à son habileté que je lus *l'Énéide* de Virgile, et puis Térence, et puis Plaute [3] et des comédies italiennes, entraîné par la facilité des sujets. Si ce précepteur avait commis l'erreur de m'interdire ces lectures je crois que je n'aurais rapporté du collège que la haine des livres, comme quasiment toute la noblesse fran-

---

1. *Ovide, poète latin du Ier siècle avant J.-C., célèbre par ses poèmes érotiques comme* l'Art d'aimer. Les Métamorphoses, *poème épique et mythologique, sont son chef-d'œuvre.*

2. *Montaigne ne parlait jusqu'à l'âge de six ans que le latin (cf. chapitre 2)*

3. *Plaute, poète latin (IIIe siècle avant J.-C.); Térence, poète latin (IIe siècle avant J.-C.). Les sujets de leurs comédies inspireront Molière.*

çaise. Il se comporta ingénieusement. Paraissant ne pas s'en préoccuper, il aiguisa ma faim de lecture, m'orientant habilement vers d'autres études. [1] »

Dans un texte célèbre intitulé *De trois commerces* [2] – le mot commerce devant être compris au sens de rapport, fréquentation –, Montaigne évoque les liaisons qu'il juge essentielles, l'amitié « ennuyeuse par sa rareté », l'amour qui est aussi « un doux commerce » mais qui malheureusement « se flétrit avec l'âge » et le commerce des livres, qui est bien « plus sûr, et plus disponible » : « Il cède aux premiers les autres avantages mais il a pour lui la constance et la facilité de son service, lequel accompagne toute ma vie, et m'assiste partout. Je me console en ma vieillesse et ma solitude, il me décharge du poids d'une oisiveté ennuyeuse, et me permet à toute heure de me séparer des compagnies qui me fâchent. Il émousse les figures de la douleur, pour peu que la douleur ne domine pas tout. Pour distraire d'une imagination importune, il me suffit de recourir aux livres (...), ils me reçoivent toujours de même visage. »

La décision qu'il prend en 1571, à trente-huit ans, à la veille des calendes de mars, anniversaire de sa naissance, de se retirer en son château va lui permettre de s'adonner librement au commerce des livres.

---

1. *Livre Ier, chapitre 26.*
2. *Livre III, chapitre 3.*

Plusieurs circonstances ont préparé et favorisé cette décision : la mort de son ami La Boétie en 1563 et le désir de poursuivre par écrit leur dialogue; la déception peut-être de s'ennuyer au parlement de Bordeaux, et de s'ennuyer sans avenir puisque, quinze ans après y avoir été nommé, il n'est toujours que conseiller; son mariage, sans enthousiasme particulier, en 1565, avec Françoise de La Chassaigne. La mort de son père, en 1568, qui lui fait une peine immense mais qui le confronte à la nécessité de l'administration du domaine, laquelle est la source essentielle de ses revenus, achève de le décider. En 1570 il vend sa charge à Florimond de Raymond, et après avoir quelques mois musardé, décide de se retirer dans sa « tour d'ivoire » pour y vivre à sa guise et se laisser aller au charme de ses propres rêveries et réflexions, avec le double désir de se consacrer à l'administration de son important domaine, et de s'organiser une retraite studieuse alors que son esprit est encore suffisamment vif et dispos pour en tirer profit.

Jusqu'à sa mort le père de Montaigne, très attaché au suivi et à l'administration de ses biens, lui avait épargné tout souci. Dans son testament il énumère avec complaisance les soins et les dépenses qu'il a consacrés à l'amélioration de son patrimoine : « Ce patrimoine avait été arrondi; les chemins tracés au travers, des ponts construits sur les petits cours d'eau qui l'arrosaient; et dominant ce beau domaine dont les limites s'étendaient loin devant lui, le château de

Montaigne avait été rebâti sur un plan plus conforme à l'état des propriétaires. Pierre Eyquem était arrivé à ces résultats par l'ordre de ses affaires, et une bonne compréhension de ce qu'on appelait alors « le ménage des champs », on dirait aujourd'hui sans doute le management d'une entreprise agricole. Il tenait registre de ses revenus et de ses dépenses, comme il couchait par écrit tous les événements qui intéressaient son intérieur. Il aimait à planter, à bâtir; c'était un propriétaire modèle, attaché à sa terre d'une affection étroite, jaloux de la gérer utilement et de l'embellir. [1] »

Montaigne, qui a pourtant reçu une magnifique éducation, ne connaît rien aux monnaies, ni aux grains, ni aux techniques et outils de culture, ni au commerce des vins : à peine sait-il la différence entre « les choux et les laitues », et il « n'y a pas un mois qu'on me surprit ignorant de quoi le levain servait à faire le pain et ce que c'était que faire cuver le vin [2] ». C'est imaginer le peu de goût qu'il avait pour les affaires domestiques, que finalement il ne géra que de fort loin, abandonnant volontiers leur souci à la « police féminine ».

« Je me détourne volontiers du gouvernement de ma maison. Il y a quelque commodité à commander, fût-ce dans une grange, et à être obéi des siens; mais

1. *Paul Bonnefon,* Montaigne et ses amis, *Slatkine Reprints, 1969.*

2. *Livre II, chapitre 17.*

c'est plaisir trop uniforme et languissant. [1] » Et puis surtout, comme il en convient volontiers, les difficultés de la gestion quotidienne l'insupportent : « Il y a toujours quelque pièce qui va de travers – les négoces, tantôt d'une maison, tantôt d'une autre, vous terrassent. Vous éclairez toutes choses de trop près ; votre perspicacité vous nuit ici, comme ailleurs elle vous sert. Je me dérobe aux occasions de me fâcher et me détourne de la connaissance des choses qui vont mal... [2] »

Il fallut sans doute que ses paysans soient attentifs et dévoués, qu'il pratique lui-même l'épargne pour que sa situation ne se détériorât pas ; il fallut plus sûrement que Madame de Montaigne sache prendre sur elle les soucis matériels et le gouvernement du domaine.

Ayant ainsi aménagé une distance convenable avec les soucis de l'économie domestique, Montaigne organisa sa retraite studieuse dans sa librairie : « Chez moi je suis le plus souvent installé dans ma librairie, d'où je commande à mon ménage. Je donne sur l'entrée et vois mon jardin, ma basse-cour, ma cour et la plupart des parties de ma maison. Là je feuillette un livre, puis un autre, sans ordre et sans but, de façon décousue, tantôt je rêve, tantôt j'enregistre et dicte en me promenant. [3] »

---

1. *Livre III, chapitre 9.*
2. *Idem.*
3. *Livre III, chapitre 3.*

C'est en cette retraite si souvent décrite et que les citoyens d'Aquitaine ne visitent jamais, aujourd'hui encore, sans une grande émotion, que Montaigne, pendant dix ans, lisant, méditant, compilant et glosant, observant le monde à travers son expérience et à travers ses lectures, va rédiger les deux premiers livres des *Essais.* « Mon dessein, écrit-il, est de passer doucement, et non laborieusement ce qui me reste de vie. [1] » Aveu charmant, vite contredit par le constat d'un réel labeur; source de connaissances et de méditations, les livres ont beaucoup de qualités agréables mais ont aussi leurs incommodités : « J'en jouis [des livres] comme un avare qui profite de ses trésors parce qu'il sait pouvoir les contempler; mon âme se rassasie et [se] contente de ce désir de possession. Je ne voyage pas sans livres, ni en temps de paix, ni en temps de guerre... [2] » Peut-être Montaigne reste-t-il plusieurs jours sans lire, mais il sait pouvoir le faire quand il le désire : « Ce sera tantôt, ou demain, ou quand il me plaira. [3] »

En fait Montaigne lit beaucoup, même s'il affirme nonchalance et dilettantisme : « Je ne cherche dans les livres jusqu'à me donner du plaisir par un honnête amusement. [4] » « Ces difficultés, si

1. *Livre II, chapitre 12.*
2. *Livre III, chapitre 3.*
3. *Idem.*
4. *Livre II, chapitre 10.*

j'en rencontre en lisant, je n'en ronge pas mes ongles, je les laisse là (...). Si j'insistais, je m'y perdrais et perdrais mon temps. Ce que je ne comprends pas à la première lecture, je le comprends encore moins en m'obstinant. Je ne fais rien sans gaieté (...). Si ce livre me fâche, j'en prends un autre ; et je ne me mets à le lire qu'aux heures où l'ennui de ne rien faire commence à me saisir (...). Si j'ai employé une heure à lire, ce qui est beaucoup pour moi, sans y trouver de suc et de substance (...), je considère n'y trouver que du vent.[1] »

Quoi qu'il affecte d'en écrire, Montaigne, malgré que sa vue soit vite fatiguée – pour amortir la blancheur du papier il plaçait dessus une plaque de verre plus sombre, et parfois se faisait lire par un valet pour reposer ses yeux éprouvés – a beaucoup parcouru de volumes, mais il choisit les auteurs qu'il estime être les plus conformes à sa nature. Il y a d'abord les livres qu'il fréquente parce qu'il les trouve plaisants : parmi les modernes, le *Décaméron* de Boccace[2], et Rabelais. Il apprécie les *Fables* d'Ésope[3] auxquelles il trouve « plusieurs sens et intelligents », et considère qu'en poésie Virgile – les *Géorgiques* sont « l'ouvrage le plus accompli de la poésie » – Lucrèce, Catulle et Horace « tiennent de

---

1. *Livre II, chapitre 10.*

2. Le Décaméron *de Boccace (écrivain italien du* XIVe *siècle) est un recueil de nouvelles qui constitue un tableau des mœurs assez licencieuses de son époque.*

3. *Ésope, fabuliste grec (*VIIe *siècle av. J.-C.), principale source d'inspiration de La Fontaine.*

bien loin le premier rang ». Il aime aussi Lucain, et « le pratique volontiers », « quant au bon Térence, je le trouve admirable à présenter sur le vif les mouvements de l'âme et les conditions de nos mœurs [1] ».

Il y a ensuite les livres qui lui servent, et « mêlent un plus de fruit au plaisir » et d'abord « Plutarque, depuis qu'il est français et Sénèque [2]. Ils ont tous deux cette notable commodité pour mon humeur que la science que j'y cherche est traitée à pièces décousues », c'est ici une allusion à la brièveté des *Épîtres* de Sénèque et de certaines œuvres morales de Plutarque, Montaigne appréciant de ne pas être contraint à « longue et fastidieuse étude »; « il ne faut pas grande entreprise pour m'y mettre et je les quitte où il me plaît ». Montaigne apprécie Cicéron : « Les ouvrages qui me peuvent servir chez lui sont ceux qui traitent de philosophie, et de philosophie morale. » Mais il reproche à Cicéron « la sauce » dont il entoure ses propos : « ses préfaces, définitions, partitions, étymologies qui consomment son texte (...), autant de paroles perdues pour moi

1. *Virgile (70-19 av. J.-C.), Lucrèce (98-55 av. J.-C.), Catulle (87-54 av. J.-C.), Horace (65-8 av. J.-C.) et Lucain (39-65) sont des poètes latins.*

2. *Allusion aux traductions des œuvres de Plutarque (historien et moraliste grec du Ier siècle) réalisées par Amyot, humaniste français (*Vies Parallèles*, 1559, et* Œuvres Morales*, 1572). Sénèque (Ier siècle), homme d'État et philosophe romain d'origine espagnole.*

(...). Il ne me faut point d'assaisonnement ni de sauce, je mange bien la viande toute crue. [1] »

Mais ce sont les historiens qu'il fréquente le plus volontiers car c'est leur lecture qui dépeint le mieux « l'homme en général, de qui je cherche la connaissance ». Parmi eux, c'est d'abord la lecture de Plutarque qui le comble (« C'est mon homme que Plutarque ») et puis celle de Laertius, dont il déplore « que nous n'ayons une douzaine [2] », et enfin celle de César qui « singulièrement me paraît digne qu'on l'étudie, non pour la science de l'Histoire seulement, mais pour lui-même, tant il a de perfection et d'excellence parmi tous les autres [3] ». Mais en matière d'Histoire « il faut feuilleter sans distinction toutes sortes d'auteurs », même s'il faut se défier de « ceux qui nous gâtent tout parce qu'ils veulent nous mâcher les morceaux et s'arrogent le privilège de juger et par conséquent d'incliner l'Histoire à leur fantaisie (...). Ils entreprennent de choisir les choses qu'ils estiment dignes d'être sues et nous cachent souvent telle parole, telle action privée qui pourtant nous instruirait mieux [4] ». C'est que la recherche de la vérité en Histoire est chose si délicate « qu'on ne peut se fier au récit d'un combat s'il est fait par celui qui l'a commandé, ou par les soldats qui y ont participé ».

---

1. *Livre II, chapitre 10.*
2. *Montaigne fait ici allusion à Diogène Laërce, à qui il a fait près de cent quarante emprunts.*
3. *Livre II, chapitre 10.*
4. *Idem.*

L'Histoire est sans doute sa nourriture favorite mais Montaigne grapille ici et là, au gré des nourritures feuilletées, multipliant les emprunts, s'appropriant les textes, les modifiant à sa façon, s'efforçant de déjouer les obstacles à sa connaissance, qui sont d'abord les obstacles externes, l'obscurité des apparences, ou encore la puissance de la coutume dont il souligne à plusieurs reprises les dangers : « C'est à la vérité une violente et traîtresse maîtresse d'école que la coutume [1] »; « où que je veuille donner il me faut forcer quelque barrière de la coutume, tant elle a soigneusement bridé toutes nos avenues. [2] » Il insiste aussi sur la nécessité de se défier des opinions toutes faites avant de formuler un jugement : « L'opinion est une puissante partie, hardie et sans mesure. [3] » « L'obstination et ardeur d'opinion est la plus sûre preuve de bêtise. Est-il rien certain, résolu, dédaigneux, contemplatif, grave et sérieux comme l'âme ? [4] » C'est pourquoi quelle que soit l'étendue des connaissances acquises dans les livres, ou à l'observation du monde, « savoir qu'on ne sait rien est le premier pas, et le plus important de la sagesse, la reconnaissance de l'ignorance est l'un des plus beaux et sûrs témoignages de jugement que je trouve [5] ».

---

1. *Livre Ier, chapitre 23.*
2. *Livre Ier, chapitre 36.*
3. *Livre Ier, chapitre 14.*
4. *Livre III, chapitre 8.*
5. *Livre III, chapitre 2.*

Montaigne si attentif à distinguer entre savoir, compréhension et érudition nous propose d'assimiler les apports extérieurs, de les faire nôtres puis d'y exercer notre jugement. Il ne faut pas « travailler à remplir la mémoire et laisser l'entendement et la conscience vides. Comme les oiseaux sont parfois à la quête du grain et le portent en bec sans le goûter pour en nourrir leurs petits, ainsi nos pédants vont piller leur science dans les livres et ne la logent qu'au bout de leurs livres (...). Nous savons dire : Cicéron dit ainsi, voilà les mœurs de Platon, ce sont les mots mêmes d'Aristote. Mais nous que disons-nous de nous-mêmes ? que jugeons-nous, que faisons-nous ? Un perroquet serait aussi disert (...). Cette façon me fait souvenir d'un riche Romain qui à grand frais s'était entouré de gens compétents en toutes sortes de sciences et qui devaient se tenir continuellement autour de lui afin (...) qu'ils fussent toujours prêts à le fournir qui d'un discours, qui d'un vers d'Horace (...). Nous prenons garde aux opinions et connaissances des autres, et nous en suffisons. Il faut les faire nôtres. Sinon nous ressemblons à celui qui, ayant besoin de feu, irait en chercher chez son voisin et, en ayant trouvé un beau et grand, s'arrêterait pour se chauffer sans plus se souvenir d'en rapporter chez soi. Que nous sert d'avoir la panse pleine de viande, si elle ne se digère, si elle ne transforme en nous, si elle ne nous augmente et fortifie ? [1] »

Belles et fortes pages. On imagine que peut-être Molière, avant d'écrire *les Femmes Savantes*, ou tel

---

1. *Livre Ier, chapitre 25.*

auteur contemporain avant de moquer nos technocrates si prompts à disputer en termes savants d'itinéraires, alors même qu'ils n'ont pas arrêté la destination... ont lu et médité notre humaniste aquitain, à la rafraîchissante humilité : « Peut-être, écrit Montaigne, pouvons-nous être savants du savoir d'autrui, mais nous ne pouvons être sages que de notre propre sagesse ! Des opinions de la philosophie, j'embrasse plus volontiers celles qui sont les plus solides c'est-à-dire les plus humaines ; mes discours sont conformément à mes mœurs bas et humbles. [1] » C'est pourquoi, plus encore que le commerce de livres dont il espère beaucoup, Montaigne aime le commerce des esprits qui sont « vigoureux et réglés [2] ».

C'est qu'il n'est pour les hommes « désir plus naturel que le désir de connaissance. Nous essayons tous les moyens qui nous y peuvent mener. Quand la raison nous fait défaut nous y employons l'expérience. *Par vario usus artem experientia facit : Exemplo monstrante viam* [3], qui est un moyen plus faible et moins digne ; mais la vérité est chose si grande que nous ne devons dédaigner aucune entreprise qui nous y conduise. La raison a tant de formes, que nous ne savons laquelle prendre, l'expérience n'en a pas moins. [4] »

---

1. *Livre III, chapitre 13.*
2. *Livre III, chapitre 8.*
3. *« L'art par divers essais naquit d'expérience et l'exemple indiqua le chemin. »*
4. *Livre III, chapitre 13.*

Mais il est temps de laisser Montaigne en sa librairie, même si nous rêvons de partager son tête-à-tête avec ses livres, allant de l'un à l'autre, au hasard de nos fantaisies, les feuilletant ou nous les faisant lire... Il suffit de le montrer méditant, loin du bruit de sa maison, dans le grand silence de la campagne, le regard perdu sur les solives de sa bibliothèque ou les fresques de son cabinet, écrivant quand une « trop lâche oisiveté le presse » », ou dictant ses remarques, à l'aventure, « guidé par son humeur et par ses lectures, amusé par cette besogne [1] »...

Délaissons le commerce des livres pour examiner les deux autres liaisons essentielles de sa vie, amitié et amour, et puis la façon qu'il eut d'être présent dans les luttes de son temps quand sa conscience l'y invita : jamais sa retraite volontaire – et fructueuse – ne lui ayant fait oublier ses obligations et devoirs de citoyen, même si sa passion de découvertes l'écarta de longs mois de son Aquitaine.

1. *Montaigne et ses amis*, Paul Bonnefon.

Chapitre 4

« Il faut que j'aille de la plume comme de mes pieds. »

(Journal de Voyage)

En juin 1580 – le 12 ou le 22 ? – le sieur de Montaigne quitte son château après avoir, précise-t-il, confié l'administration de ses biens à Madame de Montaigne, et s'engage dans une longue pérégrination qui va le tenir écarté d'Aquitaine pendant près de dix-huit mois, puisqu'il ne revient à Montaigne que le 30 novembre 1581. Il se rend d'abord à la Cour, où il fait au roi Henri III, qui l'accueille avec faveur, l'hommage de la première édition des *Essais*. Début juillet, il rejoint l'armée royale, commandée par le maréchal de Matignon qui, sur les ordres du roi, assiège La Fère [1], place forte tombée aux mains des protestants. On ne sait la part réelle prise par Montaigne aux exercices militaires, mais il est toujours à La Fère lorsque meurt son ami Philibert de Gramont, frappé par un obus

1. *Ville forte de Picardie dont s'était emparé le prince de Condé au printemps 1580.*

le 6 août : « Je fus, entre plusieurs autres de ses amis, conduire à Soissons le corps de Monsieur de Gramont, du siège de La Fère où il fut tué. Je considérais que, partout où nous passions, nous remplissions de lamentations et de pleurs le peuple que nous rencontrions, à la seule vue de l'appareil de notre convoi...[1] »

C'est à Beaumont-sur-Oise que le rejoignent ses compagnons de voyage – son jeune frère Mattecoulon (de vingt-huit ans son cadet), son beau-frère Cazalis (veuf depuis trois mois de Marie de Montaigne), Charles d'Estissac (gentilhomme agenais) et du Hautoy – accompagnés de serviteurs dont l'un servira de « secrétaire » pour consigner sous la dictée la relation du voyage. C'est donc une troupe d'une douzaine d'hommes qui, à cheval, entreprend ce « voyage buissonnier ».

Le 5 septembre, cette petite troupe arrive pour souper à Meaux « petite ville belle, assise sur la rivière de Marne », et Montaigne visite la célèbre abbaye de Saint-Faron : « Les prés, les fontaines et les jardins et le doux ramage des oiseaux qui les habitent font ses délices; ses cours avec leur grand corps de logis, ses cloîtres, ses hauts clochers, sa belle église, la rendent magnifique. »

---

1. *Livre III, chapitre 4.*

De Meaux, les voyageurs remontent le cours de la Marne et font étape le 6 à Charly et le 7 à Dormans. Le 8 septembre ils sont à Épernay où, après avoir entendu la messe en l'église Notre-Dame, Montaigne s'entretient avec le père Maldonnat de l'actualité religieuse mais aussi des eaux de Spa – « si froides que ceux qui en boivent en entrent en frissons et en horreur » –, le jésuite venait d'en faire l'expérience. « Il dit avoir remarqué la force des eaux de Spa au mal qu'elles ne lui avaient pas fait... alors que les grenouilles qu'on y jette meurent sur-le-champ ! » Maldonnat n'en est pas mort mais constate – avec cynisme ou ironie – que sa gravelle n'a pas été guérie. On comprend à ce récit que Montaigne n'a pas de raison déterminante de faire un détour pour aller prendre les eaux là-bas !

Le 8 septembre, les compagnons reprennent leur chevauchée vers Châlons (9 septembre), Vitry-le-François (10 septembre), Bar-le-Duc, Mauvèse, Vaucouleurs avec la traversée, le 13 septembre, de « Domrémy-sur-Meuse d'où était native cette fameuse pucelle d'Orléans qui se nommait Jeanne d'Arc. Ses descendants furent anoblis par la faveur du roi et ils nous montrèrent les armes que le roi donna (...). Le devant de la maisonnette où elle naquit est peint de ses exploits, mais l'âge a fort corrompu la peinture ». Puis ce furent Neufchâteau, Muricourt, Épinal et enfin Plombières, « où nous entrâmes le 16 septembre à deux heures après midi, en ce lieu assis aux confins de Lorraine et de l'Allemagne entre plusieurs collines hautes... Au fond de la vallée naissent plusieurs fontaines tant froides naturelles que chaudes. L'eau chaude n'a nulle senteur ni goût... et est si chaude à boire que M. de Montaigne était contraint de la remuer d'un verre à l'autre ».

Puisque Plombières est ville d'eaux, et que l'un des motifs du voyage est de faire cure, on s'arrête à Plombières, séjournant à l'Auge « qui est le meilleur logis », et bien que « la coutume est d'être pour le moins un mois » on y reste onze jours pendant lesquels « M. de Montaigne but onze matinées de l'eau des fontaines, neuf verres huit jours et sept verres trois jours, et se baigna cinq fois (...). Il n'eut d'autre effet que d'uriner mais rendit quelques petites pierres et du sable qui étaient dedans la vessie ».

Le 27 septembre, départ pour Remiremont, Thann, Mulhouse et Bâle où Montaigne et ses amis resteront deux jours. A Bâle, que le *Journal* nous dit être « une belle ville (...) où les vins sont fort bons et [où] on les boit sans eau », Montaigne fait la connaissance de « force gens de savoir » avec lesquels il converse. Parmi eux le célèbre médecin Felix Platter dont l'herbier – le livre des simples – l'émerveille, ainsi que « les anatomies entières d'hommes morts qui se tiennent [1] ». Il semble

1. *Il s'agit de squelettes montés, on parlait alors « d'anatomies sèches ».*

qu'au-delà de l'intérêt qu'il portait aux questions médicales, Montaigne ait été influencé par les méthodes de l'anatomie fondée sur l'observation directe, donc sur l'expérience, car dans une édition postérieure des *Essais* il notera : « Mon métier et mon art c'est vivre (...). Je m'étale entier : c'est un *skeletos* où, d'une vue, les veines, les muscles, les tendons paraissent chaque pièce en son siège (...). Ce sont mes gestes que j'écris, c'est moi, c'est mon essence. [1] »

Le voyage se poursuit et, après une étape de cinq jours à Bade, dont les eaux lui paraissent plus actives que celles dont il a précédemment usé, les étapes se succèdent assez rapidement, comme si les voyageurs préféraient voir beaucoup de pays que séjourner longuement au même endroit : à travers l'Allemagne – Augsbourg « est estimée la plus belle ville d'Allemagne comme Strasbourg est la plus forte » – le Tyrol et l'Autriche, au rythme d'une chevauchée quotidienne de cinquante à quatre-vingts kilomètres, les voyageurs se rapprochent de l'Italie. Après « s'être engouffrés dans le ventre des Alpes par un chemin aisé, commode et amusément entretenu », ils arrivent à Vérone « avant la messe de la Toussaint ».

Il semble que Montaigne prend grand plaisir à cette route buissonnière et que peut-être, au lieu de

1. *Les* Essais, *édition de 1588. Livre II, chapitre 6.*

continuer vers l'Italie, il se serait volontiers laissé distraire vers des pays inconnus. Le secrétaire note à ce sujet : « Je crois à la vérité qu'il eût été seul avec les siens, il fût plutôt allé à Cracovie ou vers la Grèce par terre, que de prendre le tour vers l'Italie; le plaisir qu'il prenait à visiter les pays inconnus, lequel lui faisait oublier la faiblesse de son âge et de sa santé, il ne pouvait le faire partager à nul de la troupe. Il leur disait qu'il était comme quelqu'un qui lit un plaisant conte et qui redoute de le voir finir... » On a le sentiment de se lever chaque matin avec Montaigne « plein de désir et d'allégresse », prêt au plaisir de nouvelles chevauchées en pays nouveau, disponible pour s'émerveiller du changement perpétuel des sites et des hommes, avide de trouver matière pour alimenter une curiosité, ou renouveler des émotions sans cesse renaissantes.

Après Vérone, Vicenze, Padoue « ville bien fort vaste qui à mon avis a sa clôture de la grandeur de Bordeaux pour le moins », les voyageurs se détournent de leur itinéraire pour aller à Venise, Montaigne ayant déclaré « qu'il n'eût su arrêter ni à Rome, ni ailleurs en Italie en repos sans avoir reconnu Venise ». Plus qu'à l'architecture c'est aux mœurs que Montaigne s'intéresse, au monde de la galanterie si particulier que « les plus nobles d'entre les femmes y font trafic de leur beauté » et aux usages politiques du lieu, dont il fut éclairé par plusieurs entretiens avec Arnaud du Férier, notre ambassadeur auprès de la Sérénissime République. Après un séjour de cinq jours à Venise qu'il « a trouvé autre qu'il ne l'avait imaginée, et un peu moins admirable », la petite troupe repasse Padoue, puis gagne Ferrare, Bologne et Florence, dont la réputation l'étonne : « Je ne sais pourquoi cette ville est surnommée belle par privilège : elle l'est, mais sans aucune excellence sur Bologne, et peu sur Ferrare, et sans comparaison au-dessous de Venise. » Charmé par la beauté des chemins de Toscane, Montaigne paraît peu sensible à l'art italien : à peine mentionne-t-il « très belles statues excellentes de l'œuvre de Michel Ange », et s'il parle de Sienne – étape suivante – « ville inégale, plantée sur un dos de colline » c'est surtout « pour le respect de nos guerres [1] », son père ayant participé aux chevauchées militaires en Italie. Enfin, le 30 novembre dans l'après-dîner, arrivée à Rome, Rome que Montaigne va s'employer à reconnaître et comprendre au cours de deux séjours, le premier du 30 novembre au 13 avril 1581, le second du 1er au 15 octobre 1581. Entre ces deux séjours romains, Montaigne vagabonde en Toscane et en Lombardie, et surtout fait deux longues cures aux bains de Bella Viva, de mai à septembre 1581, pendant lesquelles les principales notes du *Journal* concernent les particularités du régime qu'il suit avec sérieux, et les aléas de sa santé dont il nous laisse peu ignorer.

1. *Allusion à la prise de Sienne par Lansac en 1552, et au siège subi par Montluc en 1554 et 1555.*

Tous les commentateurs sont surpris de l'intérêt distrait que Montaigne manifeste vis-à-vis des trésors artistiques de Rome, dont il parle peu, comme s'il restait extérieur à l'influence réciproque des arts, des mœurs et de la pensée. Il note avec soin ses rencontres, les cérémonies auxquelles il participe, l'audience accordée par le pape, le manège des courtisans romains qu'il paraît fréquenter avec assiduité, les plaisirs du carnaval qu'il apprécie... et surtout ses démêlés avec la censure pontificale, mais parle peu des chefs-d'œuvre de la Renaissance. Ce qu'il a cherché, et ce qu'il paraît avoir trouvé à Rome – est-ce l'écho lointain de l'éducation latine qu'il reçut en sa petite enfance ? Ce sont les traces de l'histoire antique, à travers les ruines qu'il parcourt inlassablement de la Ville Éternelle « si imposante par les restes d'un passé puissant », ou encore à travers les livres de la bibliothèque vaticane, et des manuscrits remarquables de Sénèque, de Plutarque, de Virgile.

C'est au cours de son second séjour à Rome qu'il reçoit, début octobre, la lettre des jurats de Bordeaux lui notifiant officiellement son élection à la mairie, et le pressant de rejoindre son poste. Il fallait rentrer : « Le dimanche 15 octobre je partis de bon matin de Rome. J'y laissai mon frère, en lui donnant quarante-trois écus d'or avec lesquels il comptait y rester, et s'exercer pendant cinq mois à faire des armes... »

Sans se presser, Montaigne remonte vers le nord, et après un détour pour voir le champ de bataille de Pavie [1], « la plaine où l'on dit que l'armée du roi François Ier fut défaite par Charles Quint », il arrive à Milan « la ville d'Italie la plus peuplée, grande, remplie de toutes sortes d'artisans et de marchands. Elle ressemble à Paris, et a beaucoup de rapports avec les villes de France ». Retardé par de fortes pluies, il quitte Milan le 28 octobre après un séjour de deux jours. Le 1er novembre il gravit le mont Cenis : « Je passai la montée du mont Cenis moitié à cheval, moitié sur une chaise portée par quatre hommes qui me portaient sur leurs épaules. La montée est de deux heures, pierreuse et malaisée pour les chevaux qui n'y sont pas accoutumés, mais autrement sans hasard, ni difficulté car la montagne se haussant toujours en son épaisseur, vous n'y voyez ni précipice, ni danger... tout était couvert de neige. »

Montaigne ensuite paraît se hâter comme si le trajet lui devenait ennui, sauf Lyon « qui lui plut beaucoup à voir », tellement qu'il y reste huit jours et fait l'acquisition d'un cheval de pas et de quatre

---

1. *C'est sous les murs de Pavie que le 25 février 1525 l'armée royale fut défaite par les Espagnols, défaite qui eut en France un très grand retentissement, car le roi François Ier fut fait prisonnier, seul roi à tomber aux mains de l'ennemi depuis la capture du roi Jean le Bon par le Prince Noir, à l'issue de la désastreuse bataille de Poitiers en 1356.*

courteauds[1]. Il quitte Lyon et, par Thiers, Clermont-Ferrand, Limoges et Périgueux, le 30 novembre 1581 rejoint Montaigne « d'où j'étais parti le 22 juin 1580, pour aller à La Fère. C'est ainsi que mon voyage a duré dix-sept mois et huit jours ».

Historiens et commentateurs ont fourbi toutes sortes d'explications pour justifier cette longue pérégrination, y compris l'obligation où s'est trouvé Montaigne – alors gentilhomme ordinaire de la chambre du roi – de répondre à l'appel du souverain déclarant en juin 1580 « en son conseil » sa résolution de mettre le siège devant La Fère. Héritage du Moyen Âge que cette obligation de la noblesse du royaume de se mettre en armes à l'appel du suzerain ! Certes Montaigne, après avoir rendu hommage au roi à la Cour, est passé par La Fère, mais il est parti avant que la place ne se soit rendue, et tout indique que, pour l'essentiel, son voyage était préparé de longue date, et avec grande minutie. Il lui est arrivé de faire des détours, de modifier le détail de son itinéraire d'après les impressions du moment, mais pour l'essentiel ses compagnons et lui avaient réglé d'assez longue date l'organisation du voyage, et préparé les étapes.

1. *Les courteauds étaient de petits chevaux auxquels on avait coupé la queue et les oreilles. Les chevaux de pas étaient de grandes montures de voyage qui allaient « un grand pas ».*

D'abord Montaigne voyage pour sa santé, pour trouver dans les cures thermales réputées de France, d'Allemagne et d'Italie le soulagement que ne lui ont pas apporté les eaux de Preissac ou de Bagnères qu'il a essayées en 1577 et 1579. Depuis 1576 – c'est-à-dire l'âge de quarante-quatre ans – Michel de Montaigne, comme son père le fut avant lui, est affligé de la maladie de la pierre, on dirait aujourd'hui de coliques néphrétiques : « Je suis aux prises avec la pire des maladies, la plus soudaine, la plus douloureuse, la plus irrémédiable. J'en ai déjà essuyé cinq ou six accès longs et pénibles... [1] » Cette maladie « qui, de tous les accidents de la vie était celui qu'il craignait le plus... » Et dont « il est à croire que je dois à mon père cette qualité pierreuse, car il mourut merveilleusement affligé d'une grosse pierre qu'il avait en la vessie ». On comprend dès lors que, espérant beaucoup des cures, il se soit résolu à essayer des stations réputées comme l'étaient Plombières en France et Lucques, en Italie, entre autres. On comprend que ce souci ne le quitte pas et le *Journal* est autant journal de santé que journal de route : il rapporte soigneusement les détails des cures, le nombre de verres d'eau absorbés et le nombre de bains pris, précise par le menu les multiples incommodités dont Montaigne fut affecté, et informe sur la taille des pierres ou l'importance des rejets du sable que celui-ci évacue au prix de cuisantes douleurs : « Une colique lui dura quatre heures et il sentit l'écoulement de la pierre par l'urètre et le bas du

1. *Livre II, chapitre 37.*

ventre. Les deux premiers jours il rendit deux petites pierres qui étaient dans la vessie et par deux fois du sable... » Une crise, parmi de nombreuses, parut plus difficile que les autres, Montaigne s'en inquiéta. Le 24 août 1581, il note : « Il y aurait trop de faiblesse et de lâcheté de ma part si, me retrouvant toujours dans le cas d'une mort de cette manière, et chaque heure me la rendant plus proche je ne faisais pas mes efforts pour pouvoir la supporter sans peine quand le moment sera venu. Car, en attendant, la raison nous recommande de recevoir joyeusement le bien qu'il plaît à Dieu de nous envoyer. Le seul remède, la seule règle et l'unique science, pour éviter les maux qui assiègent l'homme de toutes parts et à toute heure (...) c'est de se résoudre à les souffrir humainement, ou à les terminer courageusement et promptement. »

Cependant crises et douleurs, incommodités et soins de toutes natures, dont aucun détail n'est écarté, n'altèrent pas durablement l'humeur, ni la résistance de Montaigne qui apparaît tout au long du voyage plus gaillard et enthousiaste que ses jeunes compagnons et, raconte le journal, se lève chaque matin « avec désir et allégresse ». Montaigne n'a pas le temps de s'ennuyer : « Tous ces amusements m'embesognaient assez; je n'avais nulle occasion de mélancolie. »

On peut donc se demander si l'unique affaire de Montaigne fut de se soigner. Certes il s'est arrêté partout où il y avait des eaux à prendre, il a fait deux longs séjours aux bains de Lucques et, d'après la relation qu'il en a fait, paraît s'y être observé et traité sans indulgence, avec une consciencieuse sévérité, au point que la lecture du journal lasse, à force de récits de coliques, purgations et immersions. Mais surtout, Montaigne voyage pour son plaisir et son instruction; son goût de découvrir, sa curiosité de toutes coutumes, son désir de se défaire des opinions reçues, sa passion de « se renseigner sur le vif », son appétit de tous les mets nouveaux, témoignent de « son humeur avide de choses nouvelles et inconnues ». Après avoir excursionné et musardé parmi les auteurs du passé, assis dans sa librairie, parmi ses livres, il se grise de découvrir des gens variés et des sites nouveaux, au hasard de longues heures de chevauchées et de multiples rencontres.

En réalité, Montaigne apparaît tellement appliqué à tout voir et à tout comprendre qu'il semble bien que sa santé fut un prétexte, seulement déterminant dans le choix de certaines étapes, les villes d'eaux. Pour le reste il voyage pour le plaisir de voyager, et l'itinéraire change au gré de sa fantaisie : or tout paraît l'intéresser et son désir d'apprendre est insatiable; il s'efforce donc de ne rien laisser échapper. En traversant la France il s'impatiente de « ne trouver nulle chose à remarquer », mais la frontière franchie les mœurs se modifient assez sensiblement et le voyageur se prête avec application à tous les usages des pays qu'il traverse, comme pour mieux saisir l'humeur des habitants, multipliant les descriptions de mœurs et les minutieuses observations sur les détails de la vie quotidienne. Il est tellement passionné par ce qu'il découvre qu'on le surprend à regretter de ne pas avoir mieux préparé son voyage. C'est ainsi que, à la date du 10 octobre 1580, le secrétaire qui jusqu'à Rome rédige le journal de voyage sous la dictée note, alors que les voyageurs sont installés à Lindau, sur les bords du lac de Constance, que Monsieur de Montaigne « trouvait à dire trois choses en son voyage » : d'une part de ne pas avoir amené avec lui un cuisinier pour s'instruire des recettes allemandes et les pratiquer au retour; d'autre part de n'avoir pas pris un valet allemand ou de ne pas avoir parmi ses compagnons de route quelque gentilhomme du pays afin de ne pas se trouver tout à fait à la merci « d'un bellâtre de guide »; enfin de ne pas avoir lu à l'avance les ouvrages qui signalent les curiosités du pays...

Montaigne se méfie des guides; à Rome il sera heureux de s'en débarrasser pour se livrer de lui-même « à toutes découvertes », en se conformant aux coutumes des lieux. Il souhaite « sortir des sentiers battus et des chemins tracés » pour découvrir « la multiplicité qu'est le monde [1] ». Dans le journal on peut lire : « Monsieur de Montaigne

1. *Livre III, chapitre 9.*

disait qu'il s'était toute sa vie méfié du jugement d'autrui sur le discours des commodités des pays étrangers, chacun ne sachant goûter que selon l'ordonnance de sa coutume et l'usage de son village... »

Montaigne, ainsi, ne voyage pas pour s'abreuver de généralités, ou confirmer des opinions antérieures : il se défie des partis pris et des préjugés, et s'efforce d'observer avec impartialité; il souhaite rencontrer le réel, se défaire de la philosophie et découvrir l'unique, l'événement, pour en dresser le constat comme il aime à rendre compte du détail des mœurs nouvelles; tous ces témoignages seront ensuite le matériau de sa réflexion, comme le sont les multiples lectures qu'il a effectuées en sa librairie. La mémoire est donc indispensable au bon exercice du jugement et Montaigne, qui se plaint des insuffisances de la sienne [1], tente d'y suppléer en amassant des notes sur ses voyages, les faits observés et les impressions ressenties tout autant que sur ses lectures, les réflexions et commentaires qu'elles lui inspirent.

On comprend ainsi qu'un critique ait pu qualifier le *Journal de Voyage* « d'arrière-boutique des *Essais*, c'est-à-dire de lieu où l'on peut être soi-

1. *Livre Ier, chapitre 9. Livre II, chapitre 17. Livre III, chapitre 13.*

même » et aussi entasser les marchandises qui seront plus tard exploitées [1].

Et puis enfin pour Montaigne les voyages, s'ils sont bien conduits et nourris d'observations, sont, comme les lectures, d'une indispensable utilité par la contradiction qu'ils apportent à nos convictions : « La visite des pays étrangers est particulièrement utile pour en rapporter principalement les humeurs des pays étrangers, et leurs façons, et pour frotter et limer notre cervelle à celle d'autrui (...). »

« Le jugement humain est merveilleusement éclairé par la fréquentation du monde. Nous sommes tous limités et repliés sur nous-mêmes, et avons la vue écourtée à la longueur de notre nez. Lorsqu'on demande à Socrate d'où il était, il ne répondait pas " d'Athènes " mais " du monde " – lui Socrate qui avait l'imagination plus ouverte que nous ne l'avons, embrassait l'univers comme sa propre ville, offrait ses connaissances, sa société et ses affections à tout le genre humain, non pas comme nous qui ne regardons qu'alentour. Quand les vignes gèlent en mon village, mon prêtre y voit la manifestation de la colère de Dieu... A voir nos guerres civiles, beaucoup argumentent que le monde est bouleversé et qu'approche le jour du Jugement dernier... [2] »

---

1. *Pierre Michel,* le Journal de Voyage, *BSAM nº 13, 1960.*
2. *Livre Ier, chapitre 26.*

Bref il faut voyager pour acquérir le sens du relatif – et gagner esprit mesuré et pondéré, mais aussi parce que entraîner notre regard sur les expériences racontées par les écrivains d'hier, ou sur les mœurs et pratiques des pays étrangers, nous permet un jugement plus juste : « Tant d'humeurs, de sectes, de jugements, d'opinions, de lois et de coutumes nous apprennent à juger sainement des nôtres et nous permettent d'être plus conscients de l'imperfection et de la faiblesse naturelle de notre jugement, ce qui n'est pas un mince apprentissage. [1] »

---

1. *Livre Ier, chapitre 26.*

Livre II

« Je n'y durerais pas :
je suis trop tendre. »

(Livre Ier, chapitre 24)

Chapitre 5

« Nous nous embrassions par nos noms. »

(Livre Ier, chapitre 28)

« Aussi qu'est-il plus beau qu'une amitié fidèle ? » Pour Étienne de La Boétie, auquel on doit ce beau vers, extrait de ses sonnets, l'amitié est sentiment rare qui peut seulement réunir des natures d'élite : « L'amitié, écrit-il, c'est un nom sacré, une chose sainte; elle ne se met jamais qu'entre gens de bien, et ne se prend que par une mutuelle estime; elle s'entretient, non pas tant par bienfaits que par la bonne vie. Ce qui rend un ami assuré de l'autre, c'est la connaissance qu'il a de son intégrité : les répondants qu'il en a, c'est son bon naturel, la foi et la constance. Il n'y peut avoir d'amitié là où est la cruauté, là où est la déloyauté, là où est l'injustice; et entre les méchants, quand ils s'assemblent, c'est un complot, non pas une compagnie; ils ne sont pas amis, mais ils sont complices. »

On imagine qu'ainsi décrit un tel sentiment soit peu fréquent, et que chacun ne puisse souvent le partager – Montaigne a entretenu un commerce régulier et cordial avec plusieurs de ses contemporains, mais on ne peut qualifier d'amitié les relations respectueuses et confiantes avec Henri de Navarre, qu'il reçut plusieurs fois dans son château, ni le cordial compagnonnage partagé avec le maréchal de Matignon ou le vicomte de Turenne, ou encore le juriste De Thou; on ne peut davantage qualifier d'amitié la cordiale et mutuelle considération qui ont marqué ses relations avec le jésuite Maldonnat ou le médecin zurichois Felix Platter, ou encore le prédicateur Pierre Charron, quoi que prétendît ce dernier, qui se présenta à la postérité comme le confident de Montaigne, et le continuateur de sa pensée.

Assurément Charron fut l'hôte de Montaigne, et il est probable que c'est au cours de leurs diverses rencontres qu'il a élaboré son projet de concilier la sagesse humaniste qu'il admirait chez Montaigne et la foi religieuse; il est moins sûr que la familiarité partagée fut cette affection réciproque dont se targue le prédicateur, et rien ne confirme que Montaigne ait permis par testament à Charron « de porter après son décès les pleines armes de sa noble famille, parce qu'il ne laissait aucun enfant mâle ». Même la chaleureuse tendresse partagée les dernières années de sa vie avec Marie de Gournay, la fille d'alliance, est sans rapport avec le sentiment d'amitié tel que le vécurent Montaigne et La Boétie, sentiment si rare « que c'est beaucoup si la fortune y arrive une fois en trois siècles [1] ».

D'ailleurs, Montaigne, désireux sans doute d'éclairer son lecteur sur la nature réelle de l'amitié, nous invite à ne pas confondre les relations amicales ordinaires avec le sentiment partagé avec La Boétie [2]. Ce sentiment-là, écrit-il, « qu'on ne [le] mette pas au même rang que les amitiés communes, que j'ai éprouvé autant que d'autres et certaines parfaites en leur genre; mais je ne conseille pas qu'on confonde leurs règles; on se tromperait; il faut marcher dans ces autres amitiés (...) avec prudence et précaution... [3] » Quelques pages plus tôt il a tenu à préciser : « Au demeurant ce que nous appelons ordinairement amis et amitiés, ce ne sont qu'accointances et familiarités occasionnelles. [4] » D'ailleurs « ces amitiés communes on peut les analyser et diviser; on peut aimer en celui-ci la beauté, en cet autre la facilité de ses mœurs, en un autre sa générosité, en un autre la fraternité (...), mais cette amitié (dont je parle et que j'ai partagée avec La Boétie est d'une autre nature), elle possède l'âme et la régente en toute souveraineté, et il est impossible qu'elle soit double... [5] »

1. *Livre Ier, chapitre 28.*

2. *Pour en souligner la rareté il cite le mot familier d'Aristote : « Mes amis, il n'y a nul ami ! »*

3. *Livre Ier, chapitre 28.*

4. *Idem.*

5. *Idem.*

Il convient également de ne pas confondre cette amitié avec les liens familiaux, qui sont d'une autre nature « et puis dans la mesure où ce sont des relations que la loi et l'obligation naturelle nous commande on a peu de choix et de liberté volontaire [1] », qu'il en aille des relations entre parents et enfants ou entre frères car d'ailleurs : « Le père et le fils peuvent être de nature très éloignée, et les frères aussi. C'est mon fils, c'est mon parent, mais c'est un homme farouche, un méchant et un sot (...). Entre enfants et pères il s'agit plutôt de respect et l'amitié qui se nourrit de communication ne peut exister entre eux, elle serait presque contre nature. [2] » La relation entre frères est altérée par le mélange d'intérêts et des rivalités qui expliquent que les frères « se heurtent et s'opposent [3] ».

Ayant ainsi avec soin, et en diverses occasions, précisé que l'amitié ne pouvait être confondue avec les amitiés communes, ni avec les relations familiales, Montaigne, dans les admirables pages du chapitre 28, va s'efforcer de qualifier l'unique amitié éprouvée, sentiment issu du hasard ou de la fatalité, sentiment fondé sur une confiance sans réserve et un total altruisme, sentiment pour tout dire irremplaçable.

Sentiment fatal, mystérieux, sans doute

---

1. *Livre Ier, chapitre 28.*
2. *Idem.*
3. *Idem.*

ordonné par le Ciel : « Il y a, au-delà de tout mon discours et de ce que j'en peux dire je ne sais quelle force inexplicable et fatale qui favorisa cette union. Nous nous cherchions avant de nous être rencontrés et, sans doute parce qu'ayant entendu parlé l'un de l'autre (...), nous nous embrassions par nos noms sous l'influence de quelque ordonnance du Ciel. Et à notre première rencontre, qui fut par hasard et au milieu d'une grande compagnie, nous nous trouvâmes si spontanément en harmonie que rien désormais ne nous fut si proche que l'un à l'autre. » Attirance irrésistible : « Ce n'est pas une considération particulière ni trois, ni quatre, ni mille : c'est je ne sais quelle quintessence qui, ayant saisi toute ma volonté, l'amena à se plonger et à se perdre dans la sienne. [1] » Bref, « Si on me presse de dire pourquoi je l'aimais, je sens que cela ne se peut exprimer qu'en répondant : parce que c'était lui, parce c'était moi [2] ».

Un tel et exceptionnel sentiment ne peut être fondé que sur une confiance sans réserve, et un total altruisme : « Nos âmes se sont considérées d'une si ardente affection (...) jusqu'au fin fond des entrailles l'une de l'autre, que non seulement je connaissais la sienne comme la mienne, mais je me fusse certainement fié à lui plus volontiers qu'à moi (...). Si sur l'amitié dont je parle l'on pouvait donner à l'autre, ce serait celui qui recevrait le bienfait qui obligerait son compagnon. En effet comme nous

1. *Livre Ier, chapitre 28.*
2. *Idem.*

cherchons l'un et l'autre, plus que toute autre chose, à nous " entrebienfaire " c'est celui qui en offre la matière et l'occasion qui fait le cadeau, puisqu'il offre à son ami la satisfaction d'effectuer ce qu'il désire le plus. [1] »

On comprend qu'ayant eu le privilège d'éprouver une telle amitié Montaigne l'ait jugé irremplaçable : « A la vérité, écrit-il, si je compare tout le reste de ma vie, quoique grâce à Dieu j'ai eu une vie douce, facile et sans grands tourments – si j'accepte la perte d'un tel ami – (...) si donc je compare le reste de ma vie aux quatre années qu'il m'a été donné de profiter de la compagnie de ce personnage, ce n'est que fumée, nuit obscure et ennuyeuse.

« Depuis que je l'ai perdu je ne fais que me traîner languissant, et les plaisirs mêmes qui s'offrent à moi, au lieu de me consoler, redoublent le regret de sa perte. Nous étions la moitié de tout; il me semble que je lui dérobe sa part; j'étais si accoutumé à être deuxième partout qu'il me semble n'être plus qu'à demi. [2] »

On connaît les circonstances qui favorisèrent la rencontre de Montaigne et La Boétie. Montaigne, avant leur première rencontre, avait été bouleversé par la lecture d'un opuscule pamphlétaire contre la tyrannie connu sous le titre de *Discours de la Servi-*

---

1. *Livre Ier, chapitre 28.*
2. *Idem.*

tude Volontaire[1] dont l'auteur, Étienne de La Boétie, était un brillant helléniste, conseiller au parlement de Bordeaux. Certes, dans ce pamphlet, La Boétie soulève plus de questions qu'il ne propose de réponses, mais ce cri éloquent d'un adolescent[2] contre la tyrannie, rédigé dans une langue vive et colorée, témoigne d'une pensée généreuse. Peut-on reprocher à un jeune homme d'imaginer que l'homme pourrait vivre dans l'état de nature, sans société et sans gouvernement ?

C'est sans doute en 1558 ou 1559 que les deux hommes se rencontrent, probablement à l'occasion d'une manifestation organisée au parlement de Bordeaux. Leur amitié soudaine et profonde date de cette première rencontre ; elle demeurera aussi vive et ardente jusqu'à la mort de La Boétie, en août 1563.

A plusieurs reprises Montaigne quitte La Boétie pour diverses missions, notamment deux longs voyages à Paris, où il est envoyé par le parlement. En 1562 Montaigne accompagne l'armée royale à Rouen et participe aux fêtes qui marquent la reddition de la cité.

Entre ces séparations les deux amis ne se quittent guère, se rendant mutuelles visites, et échangeant sur tous sujets. C'est sans doute La Boétie, homme exigeant et d'une grande fermeté de

---

1. *Le premier titre de cet opuscule fut* le Contre Un.

2. *La Boétie avait probablement dix-huit ans lorsqu'il écrivit le* Discours.

caractère, qui donna à Montaigne une si haute idée de l'amitié. On peut en tous cas l'imaginer en lisant l'aimable tableau qu'il en fait dans une pièce latine qu'il dédie à Montaigne, et dont on doit la traduction à Sainte-Beuve : « La plus grande partie des prudents et des sages est méfiante et n'a foi à une amitié qu'après que l'âge l'a confirmée et que le temps l'a soumise à mille épreuves. Mais nous, l'amitié qui nous lie n'est que d'un peu plus d'une année, et elle est arrivée à son comble : elle n'a rien laissé à ajouter. Est-ce imprudence ? Personne du moins ne l'oserait dire, et il n'est sage si morose qui, nous connaissant tous deux, et nos goûts et nos mœurs, aille s'enquérir de la date de notre alliance, et qui n'applaudisse de bon cœur à une si parfaite union (...). Toutes greffes ne conviennent point à tous les arbres : le cerisier refuse la pomme, et le poirier n'adopte point la prune : ni le temps, ni la culture ne peuvent l'obtenir d'eux, tant les instincts y répugnent. Mais à d'autres arbres la même greffe réussit aussitôt par secret accord de nature ; en un rien de temps les bourgeons se gonflent et s'unissent, et les deux ensemble s'entendent pour produire à frais communs le même fruit... Il en est ainsi des âmes : il en est qui, une fois unies, ne peuvent plus être séparées ; il en est d'autres qu'aucun art ne saurait unir. Pour toi, ô Montaigne, ce qui t'a uni à moi pour jamais, et à tout événement, c'est la force de la nature, c'est le plus aimable attrait d'amour, la vertu... [1] »

C'est souvent que La Boétie, noble nature,

1. *La Boétie,* in *Sainte-Beuve,* Causeries du Lundi.

revient sur la nécessité de la vertu non comme un épicurien soucieux de démontrer que l'homme étant fait pour le plaisir, il lui faut pratiquer la vertu qui est la source la plus certaine du plaisir, mais comme un ami attentif à suggérer combien les joies fugitives du vice sont de faible attrait rapportées au bonheur né d'une maîtrise aimable de ses actions et sentiments...

Le lundi 3 août 1563, en rentrant du parlement de Bordeaux, Montaigne envoie un serviteur porter à son ami une invitation à dîner; on lui rapporte la nouvelle que, souffrant, La Boétie décline l'invitation mais serait heureux qu'il passe le voir à son domicile, avant qu'il ne parte pour aller en Médoc. Montaigne raconte[1] : « Je l'allai trouver, bien tôt après dîner : il était couché, habillé, et montrait déjà je ne sais quel changement en son visage (...); je trouvais bon qu'il réalisât son projet de partir, mais sous réserve de ne pas aller plus loin que Germignan qui n'est qu'à deux lieues de Bordeaux (...); et il partit, avec sa femme et son oncle. »

Le lendemain 10 août, l'épouse de La Boétie envoie chercher Montaigne; la nuit a été très mauvaise : « A mon arrivée, écrit Montaigne, il parut réjoui de me voir, mais comme je voulais prendre congé de lui, lui promettant de revenir le lendemain, il me pria avec plus d'affection et d'insistance qu'il

1. *Lettre de Montaigne à son père, sans doute rédigée au lendemain de la mort de La Boétie.*

n'en avait jamais manifesté de rester le plus possible avec lui (...), et sa femme, qui pressentait je ne sais quel malheur, me pria, les larmes à l'œil, de rester pour ce soir (...); le lendemain je partis et le jeudi allai le trouver. Son mal allait en empirant...[1] »

« ... Le vendredi je le laissai à nouveau et revins le voir le samedi où je le trouvais fort abattu. Il me dit alors que sa maladie était un peu contagieuse et le rendait d'humeur mélancolique (...) et donc qu'il me priait de n'être avec lui que quelques instants, mais le plus souvent que je pourrais. Je ne l'abandonnai plus... »

Deux jours plus tard, dimanche 15 août, Montaigne, ayant constaté, on imagine avec quelle détresse, que l'état du malade ne cesse d'empirer, convainc La Boétie – quelle force d'amitié! – de mettre en ordre ses affaires domestiques, afin que si la volonté de Dieu voulait que son mal empirât, ni ses proches, ni sa réputation n'aient à souffrir de ce qu'il fût intestat. La Boétie entend l'amical avis et mande près de lui son oncle, qui lui servit de père, et son épouse, rassurant Montaigne sur l'inquiétude qu'une pareille démarche pourrait leur causer : « Non, non, me dit-il, je les consolerai et leur donnerai bien meilleure espérance sur ma santé que je n'en ai moi-même... »

Et Montaigne va quérir l'oncle et l'épouse, et à la demande expresse de son ami, se joint à eux, assis au chevet du malade. La Boétie, après avoir

1. *Lettre de Montaigne à son père.*

remercié son oncle qui a fait pour lui « tout ce qu'un père très bon et généreux pouvait faire pour son fils » le fait son héritier puis s'adresse à sa femme, émouvant message de tendresse conjugale : « Ma semblance, dit-il (ainsi l'appelait-il souvent, en souvenir d'une ancienne complicité), ayant été uni à vous par les liens du mariage, qui sont les plus respectables et inviolables que Dieu nous ait ordonnés ici-bas pour l'entretien de la société des hommes, je vous ai aimée, chérie et estimée autant qu'il m'a été possible et suis sûr que vous m'avez rendu la même affection, que je ne saurais assez reconnaître. Je vous prie de prendre la part de mes biens que je vous donne et de vous en contenter, encore que je sache bien que c'est peu, eu égard à vos mérites. [1] »

Et puis se tournant vers Montaigne : « Mon frère, dit-il, que j'aime si chèrement et que j'avais choisi parmi tant d'hommes, pour renouveler cette vertueuse et sincère amitié (...) dont seules restent quelques vieilles traces en la mémoire de l'Antiquité : Je vous supplie, en signe de mon affection envers vous, d'accepter ma bibliothèque et mes livres (...), présent bien petit mais qui part de bon cœur et qui vous convient par l'affection que vous portez aux lettres... [2] »

Puis il remercie Dieu qu'en une si extrême nécessité il se trouve entouré des plus chères personnes à son cœur.

---

1. *Lettre de Montaigne à son père.*
2. *Idem.*

A plusieurs reprises encore les deux amis vont s'entretenir et La Boétie confessera qu'il accepte son sort : « J'ai vécu jusqu'à cette heure avec plus de simplicité et moins de malice que sans doute je ne l'eusse fait si Dieu m'avait laissé vivre jusqu'à ce que le soin de m'enrichir et de me préoccuper de mes affaires me fût entré dans la tête. [1] »

Le mardi 17, il réveille Montaigne qui s'est assoupi près de lui et lui dit : « Bien, bien, que la mort vienne quand elle voudra, je l'attends, gaillard et de pied ferme. » Quelques heures plus tard, délirant, il demande à Montaigne de lui laisser une place mais son ami, terrassé par la douleur, ne peut que répondre : « Dieu vous en donnera une meilleure bientôt »; à quoi agonisant La Boétie répond : « y fussé-je déjà mon frère, il y a trois jours que je m'épuise à partir. [2] »

Il semble ensuite s'endormir, à la grande joie de sa femme et de Montaigne, « Mais environ une heure après, me nommant une fois ou deux et puis exhalant un grand soupir, il rendit l'âme, à trois heures du mercredi matin dix-huit août, l'année 1563, après avoir vécu 32 ans, 9 mois et 17 jours... [3] »

---

1. *Lettre de Montaigne à son père.*
2. Grands Écrivains *(choisis par l'académie Goncourt) n° 59.*
3. *Lettre de Montaigne à son père.*

Ainsi se termine l'admirable récit que Montaigne adresse à son père des derniers instants de La Boétie. Récit poignant, émouvant où passe à la fois la force d'amitié qui unit les deux hommes, leur élévation, leur noblesse d'âme et de pensée : Montaigne a trente ans alors. Et toute sa vie, il pensera à son ami, comme si exister, pour lui, c'était exister sous le regard de La Boétie, et se dévouer à sa mémoire. Écrire les *Essais* en sa tour, c'est méditer et écrire en ayant sous les yeux les livres et papiers légués par son ami, comme si peut-être de les contempler pouvait faire revivre celui qui les avait maniés jadis. Plus tard Lamartine s'interrogera : « Objets inanimés, avez-vous donc une âme ? »

Montaigne connaîtra et appréciera d'autres compagnons, il se liera et partagera des opinions, des responsabilités ou des sentiments avec d'autres hommes et femmes, mais jamais ne sera remplacée cette amitié violente et pure qui l'unit à La Boétie. Le tendre attachement qu'il éprouvera à la fin de sa vie pour Marie de Gournay lui sera un réconfort, mais d'une autre nature : « J'ai pris plaisir à publier en plusieurs lieux l'espérance que j'ai de Marie de Gournay Le Jars, ma fille d'alliance que j'aime plus que paternellement et dont l'affection est l'une des bonnes choses qui me viennent, dans ma retraite et ma solitude. Je ne regarde plus qu'elle au monde. Et si l'adolescence laisse présager ce que sera l'âge mûr, cette âme sera capable des plus grandes choses (...). Le jugement qu'elle porta sur les *Essais* si jeune, et femme en ce siècle, et la véhémence fameuse dont elle m'aima et me désira sur leur seule lecture, avant de m'avoir rencontré, est un accident digne de grande considération.[1] »

Sans doute Marie de Gournay, dont l'attachement qu'elle porta à Montaigne marqua toute l'existence, fut-elle tentée de comparer leur sentiment à la grande amitié disparue; apprenant la mort de Montaigne, elle s'écria : « Il ne m'a duré que quatre ans, pas davantage que son amitié avec La Boétie. Serait-ce que par pitié pour les autres hommes la fortune limite à ce terme de telles amitiés ? »

Marie Le Jars de Gournay naquit à Paris en 1565, à l'époque où Montaigne se mariait, dans une famille de bonne et pauvre noblesse dont la situation fut aggravée par la mort jeune de Guillaume Le Jars, son père, qui laissait à sa veuve six orphelins. Pour affronter cette pauvreté la famille se retira en Picardie, à Gournay-sur-Aronde, où Marie seule et sans maître entreprit sa propre instruction, apprenant même le latin sans grammaire et lisant, sans ordre ni méthode, tous les livres rencontrés. C'est sans doute par hasard qu'elle lut les *Essais*, fut enflammée d'enthousiasme pour leur auteur avant de le connaître et, apprenant la nouvelle de sa présence à Paris, s'y rendit pour lui « déclarer

1. *Livre II, chapitre 17.*

l'estime qu'elle faisait de sa personne et de son livre ».

Montaigne, sans doute charmé d'une telle initiative, vint la voir et la remercier dès le lendemain. C'est ainsi que débuta une liaison qui devait ensoleiller ses dernières années, nourrissant son espoir que le dévouement de Marie de Gournay contribue à faire vivre son souvenir. C'est effectivement à quoi s'employa cette généreuse jeune femme. Lorsqu'elle apprit – avec quelques mois de retard, la mort de son « cher père d'alliance », elle se rendit en Guyenne pour en savoir toutes les circonstances et séjourna près de quinze mois auprès de la femme et de la fille de Montaigne « prenant possession entière et mutuelle de l'amitié dont le défunt les avait liées les unes aux autres ». Puis, ayant achevé l'éducation de ses frères cadets, elle consacra le reste de son existence, qui fut fort longue [1], à augmenter ses connaissances par lectures et traduction, à produire divers écrits mineurs, et surtout à entretenir le souvenir de Montaigne. Après avoir donné tous ses soins à la première publication posthume des *Essais* en 1595, elle prépara et suivit onze éditions successives entre 1595 et 1635, cette dernière édition étant dédiée au cardinal de Richelieu.

Émouvante et pieuse fidélité qui sûrement contribua à la connaissance de Montaigne...

---

1. *Marie de Gournay mourut le 13 juillet 1645, à l'âge de soixante-dix-neuf ans.*

Chapitre 6

« Il y a même de bonnes femmes... »

(Livre II, chapitre 35)

« Quand je danse, je danse; quand je dors, je dors; et si je me promène seul en un beau verger et que mes pensées sont distraites par des préoccupations étrangères je les ramène à la promenade, au verger et à la douceur de cette solitude... [1] » Ainsi Montaigne affirme-t-il qu'il entend jouir de la vie, pleinement, à condition que ses plaisirs soient pris en pleine conscience et non « friponnés » par des arrière-pensées. Les voluptés corporelles sont bonnes, parce qu'elles viennent de la nature; il convient donc de ne pas s'en méfier, de ne pas les craindre, et de ne pas tenter de les étouffer, mais au contraire de les faire valoir et de les régler, afin d'en tirer le maximum de plaisir. Il convient donc que « l'âme s'y applique », qu'elle les « savoure » et même les « rumine », de quelque nature qu'elles soient. Ne voulant pas laisser « échapper stupide-

---

1. *Livre III, chapitre 13.*

ment » le plaisir du sommeil, il en vient à se faire réveiller parfois « afin de l'entrevoir ».

Toute volupté, tout plaisir mérite ainsi d'être savouré et médité : « Je médite un contentement avec moi, je ne l'écume pas, je le sonde et prie ma raison à le recueillir. Me trouvé-je en quelque position tranquille ? Y-a-t-il quelque volupté qui me chatouille ? Je ne la laisse pas “ friponner ” aux sens, j'y associe mon âme (...) non pas pour s'y perdre, mais pour s'y trouver. [1] »

Si Montaigne affirme ne dédaigner aucun plaisir des sens, aucune volupté, quelle qu'en soit la nature – à table il confesse à plusieurs reprises qu'il n'entend pas que le plaisir de la conversation, qu'il apprécie, fasse négliger le plaisir que donnent au palais les mets délicats – il reconnaît que la pratique amoureuse, et précisément l'exercice sexuel, est la volupté qu'il préfère : « La moyenne région du corps produit selon moi les seuls vrais plaisirs de la vie corporelle : les autres voluptés s'effacent en comparaison de celle-là. [2] » Aussi, parce qu'il a décidé de ne rien nous laisser ignorer de ses particularités les plus intimes, expose-t-il sans retenue celle qu'il considère comme la plus pressante de toutes, qu'il relie aux mécanismes de son psychisme : « On a raison, écrit-il, de remarquer l'indocile liberté de ce membre, actif si inopportunément,

1. *Livre III, chapitre 13.*
2. *Livre II, chapitre 2.*

alors que n'avons que faire, et défaillant si importunément lors que nous en avons le plus affaire, et contestant notre volonté, refusant même avec fierté et obstination nos sollicitations, et mentales et manuelles. [1] »

Est-ce regret de fréquentes défaillances, ou allusion à quelques faiblesses d'occasion ? Il semble bien qu'il souhaite aller jusqu'au bout de son dessein de « se peindre tout entier et tout nu » et, malgré la modestie affectée avec laquelle il révèle quelques « manques », il paraît assez satisfait de ses prouesses amoureuses, et même se vante assez largement de ses performances : « *Sex me vix memini sustimisse vices.* [2] » Il connaît et décrit la puissance du désir, « affection furieuse et indiscrète dont il a éprouvé toutes les rages », et s'y abandonne volontiers, fût-ce contre l'avis des médecins : « J'ai fait céder à mon plaisir, bien largement, toute prescription médicinale, et me suis jeune, prêté aussi licencieusement et inconsidérément au désir qui me saisissait. [3] »

Si respectueux habituellement des prescriptions religieuses [4], Montaigne paraît ignorer que l'Église, au XVIe siècle, admet la sexualité conjugale, sous

---

1. *Livre Ier, chapitre 21.*
2. *« C'est ainsi qu'il me souvient d'être allé jusqu'à six fois » (Livre III, chapitre 13).*
3. *Livre III, chapitre 1.*
4. *Cf. chapitre 6 supra.*

réserve qu'elle ait pour objet la procréation, mais qu'elle proscrit l'ardeur des excès amoureux, et même la passion amoureuse, décrite comme coupable. Tout au plus paraît-il se méfier de la passion, « feu téméraire, ondoyant et divers [1] » qui peut détourner de la mesure, ou des femmes, « commerce où il faut se tenir un peu sur ses gardes (...) parce que ce serait folie d'y attacher toutes ses pensées [2] ».

Double méfiance sans doute... Peut-être se méfie-t-il de succomber à une grande passion qui lui ravirait sa liberté, et son goût de la juste mesure. Peut-être aussi, homme de la Renaissance, n'échappe-t-il pas totalement à la misogynie d'une forme de discours religieux, étayée sur des réflexions médicales certes affligeantes, mais dont on ne peut négliger l'influence : « Je m'occuperai ici, avec l'aide de Dieu, de tout ce qui touche aux femmes, et comme la plupart du temps les femmes sont de méchantes bêtes, je traiterai ensuite de la morsure des animaux venimeux. [3] »

Depuis Aristote, une tradition constante véhicule une image négative de la femme dont l'anatomie ne serait qu'une introversion inachevée du corps

1. *Livre Ier, chapitre 28.*
2. *Livre III, chapitre 13.*
3. Pratique médicale *(1586), Arnaud de Villeneuve. Cité dans la remarquable* Histoire des Femmes *(t. III) publiée sous la direction de Georges Duby et Michelle Perrot (Plon, 1991).*

masculin, inachevée et défectueuse : « La femme, de tempérament froid et humide, possède des organes spermatiques plus froids et plus mous que ceux de l'homme, et puisque la froideur, selon ce que les physiciens admettent, contracte et resserre, ils demeurent internes, comme une fleur qui, faute de soleil, ne pourrait éclore. Le corps féminin, défini de la sorte par son impuissance et sa débilité, ne trouble pas la vision hiérarchisée des créatures, où la femelle se trouve placée entre l'animal et l'homme. Non seulement ce présupposé permet d'expliquer l'anatomie, mais encore il justifie le dysfonctionnement de la physiologie féminine, dont le flux menstruel est le symptôme le plus significatif. [1] »

Le flux menstruel, selon les traités savants et les croyances populaires, a un mystérieux pouvoir maléfique; il s'explique par l'humidité et la froideur du tempérament féminin, inapte à convertir toute la nourriture en sang utile. Étonnant discours scientifique qui fonde le portrait intellectuel et moral de la femme « réputée faible, emportée, jalouse, menteuse, alors que l'homme est courageux, judicieux, pondéré, efficace [2] »... La science de la Renaissance confirme ces vérités alors tenues pour inébranlables, et soutient que la femme, « immergée dans sa froide humidité, ne peut avoir autant d'esprit que l'homme

---

1. *Ouvr. cité, tome III.*
2. *Idem.*

et qu'il lui est donc interdit de s'appliquer avec bonheur aux lettres et aux sciences [1] ».

Peut-on faire grief à Montaigne de partager avec la plupart des hommes de son temps un tel discours idéologique sur les femmes, et finalement de dire presque comme tout le monde ? Décidément les femmes « sont d'étranges animaux », êtres inconséquents et nerveux, dont le sexe redoutable et mal connu est cause en elles de bizarreries psychologiques : « Si l'organe de la sexualité féminine tend à dévorer, à rendre sien, s'il infléchit tout mouvement psychique selon les schèmes clos et circulaires, on comprend les difficultés de la femme à s'évader d'elle-même, à dépasser les limites de sa vie affective... [2] »

Est-ce misogynie ? On peut le penser en évoquant quelques sentences, égrenées comme évidences, dans les *Essais* : « les enfants, le vulgaire, les femmes, les malades... [3] » « Je n'en fais pas plus de cas pour être sorti du même trou... [4] » « La plus parfaite senteur d'une femme est de ne rien sentir... [5] » « L'ordinaire faiblesse du sexe féminin (...); les femmes s'aiment le mieux où elles ont le plus de

1. *Ouvr. cité, tome III.*
2. *Idem.*
3. *Livre Ier, chapitre 27.*
4. *Livre Ier, chapitre 28.*
5. *Livre Ier, chapitre 55.*

tort (...). L'injustice les allèche. [1] » « Ceux qui masquent et fardent les femmes font moins de mal que les rhéteurs qui déguisent les discours, car c'est peu de perte que de ne pas les voir en leur naturel. [2] »

Étrangement, Montaigne qui se peint comme amoureux ardent, prompt à toutes voluptés mais qui ne cache pas le faible cas qu'il fait de la nature féminine, prend le mariage au sérieux, même s'il ne nous dissimule pas qu'il s'est résigné, sans enthousiasme excessif, à épouser le 24 septembre 1565 Françoise de La Chassagne, fille d'un de ses collègues au parlement de Bordeaux : « Nous avons beau dire, la coutume et l'usage de la vie commune nous emporte. La plupart de mes actions se conduisent par exemple, non par choix (...), et je fus embarqué dans le mariage plus mal préparé que je ne le serais à présent (...). Et tout licencieux que je sois, j'ai en vérité observé les lois du mariage plus sévèrement que je ne l'avais promis, et espéré. Il n'est plus temps de regimber quand on s'est laissé entraver. Il faut prudemment ménager sa liberté (...). Ceux qui entreprennent ce marché pour s'y porter avec haine et mépris sont injustes. [3] »

Une fois marié, il se résout à prendre le mariage avec sérieux, même si, en accord avec les

1. *Livre II, chapitre 8.*
2. *Livre II, chapitre 51.*
3. *Livre III, chapitre 5.*

idées de son temps, il convient de ne pas mélanger mariage et volupté. Encore une fois les instructions des théologiens et prescriptions médicales se rejoignent pour limiter les ébats conjugaux et condamner l'épouse amoureuse comme l'époux trop sensuel : « Rien n'est plus infâme que d'aimer une épouse comme une maîtresse... » Saint Jérôme n'a-t-il pas qualifié « d'adultère » le mari qui embrasse sa femme avec trop de passion, et y recherche son plaisir ?

Non seulement l'Église condamne tout exercice érotique en dehors de la seule position approuvée, qui est celle de la femme étendue sur le dos – seule position supposée efficace pour la procréation –, mais encore elle limite de façon très restrictive les possibilités de rapports sexuels : tout commerce charnel est proscrit les jours de jeûne, pendant le Carême, toutes les fêtes religieuses (soit environ cent quarante jours par an) mais aussi pendant les mois d'été (trop chauds) et les différentes périodes d'indisposition de la femme, mais enfin au cours de la grossesse et pendant les quarante jours « d'impureté » qui suivent l'accouchement.

Montaigne paraît adhérer à ces prescriptions : « C'est une religieuse liaison, et dévote, que le mariage; voilà pourquoi le plaisir qu'on en tire doit être un plaisir retenu, sérieux et mêlé de sévérité; ce ne doit être qu'une volupté prudente et consciencieuse. [1] » Parce qu'il pense que le mariage est « un sage marché [2] », il lui paraît nécessaire d'en exclure l'amour, peut-être par déception d'un grand amour « où les âmes auraient entière jouissance et où les corps prendraient part à l'alliance (...), amour impossible car il n'est nul exemple que le sexe féminin puisse y parvenir [3] ». Il convient donc d'exclure formellement le plaisir de la liaison conjugale; d'ailleurs, puisque le mariage est comparable à un lien de parenté consanguin, il y aurait « comme une espèce d'inceste à employer à ce parentage vénérable et sacré les efforts et les extravagances de la licence amoureuse [4] ».

Délectable à l'occasion, la jouissance féminine ne peut être que perturbatrice dans le mariage, où il faut se défier des « accointances » quotidiennes, susceptibles de développer exagérément les désirs sexuels de la femme. D'ailleurs, écrit-il, « nous n'avons pas fait marché en nous mariant de nous tenir continuellement accolés l'un à l'autre (...), et une femme ne doit pas avoir les yeux gourmandement fixés sur le devant de son mari [5] »... Soyons clairs, précise Montaigne : « Notre passion, et cette fiévreuse sollicitude que nous avons de la chasteté des femmes fait (...) qu'une bonne femme, une

---

1. *Livre Ier, chapitre 30.*
2. *Livre III, chapitre 5.*
3. *Livre Ier, chapitre 28.*
4. *Livre III, chapitre 5.*
5. *Livre III, chapitre 9.*

femme de bien et d'honneur et de vertu, ne soit pas autre chose qu'une femme chaste... [1] »

Si les épouses ne sont pas ce qu'elles devraient être, Montaigne concède, sans préciser s'il confesse sa propre expérience, que sans doute cela est dû à l'attitude adoptée par leurs maris : « Nous les voulons saines, vigoureuses, bien nourries, et chastes en même temps, c'est-à-dire en même temps chaudes et froides (...). On les trompe en somme par tous moyens; nous échauffons et excitons sans cesse leur imagination et puis crions au ventre! Confessons la vérité : peu parmi tous [les hommes] craignent davantage la honte qui leur vient des vices de leur femme que des leurs... [2] »

Au-delà de ces contradictions, il importe pour Montaigne que les maris soient pénétrés des risques qu'ils encourent à éveiller la sensualité de leur épouse : « Je veux apprendre ceci aux maris, s'il s'en trouve qui soient trop acharnés : c'est que les plaisirs mêmes qu'ils recherchent auprès de leur femme sont réprouvés, si la modération n'y est pas observée (...). Ces débordements éhontés que la chaleur première nous suggère sont non seulement indécents, mais dommageables pour nos femmes. Qu'elles apprennent l'impudence [la sensualité] au moins

1. *Livre II, chapitre 7.*
2. *Livre III, chapitre 5.*

d'une autre main. Elles sont toujours assez éveillées pour le besoin que nous en avons. [1] »

Clairement Montaigne – rejoignant en cela les opinions du XVIe siècle français – dissocie mariage et amour, marché de raison conjugale et sensualité. Cette précaution, pour être indispensable, ne suffit pas à garantir la sérénité dans l'état de mariage. Il faut ne jamais cesser d'exercer sa méfiance car les femmes sont de *nature dissimulée* même en leurs émotions, « la plupart de leurs deuils sont artificiels et cérémonieux [2] »; *provocatrice* : « Ceux qui ont à discuter avec des femmes têtues savent dans quelle rage on les jette quand on oppose à leurs agitations le silence et la froideur, et qu'on dédaigne de nourrir leur courroux (...), car elles ne se courroucent qu'afin qu'on se contre-courrouce [3] »; *encline à jalousie* : « Les inviter à renoncer à la jalousie serait temps perdu; leur essence est tellement nourrie de soupçon et de curiosité qu'il ne faut pas espérer les en guérir [4] »; et *paresseuse* : « Il est injuste et ridicule que l'oisiveté de nos femmes soit entretenue de notre sueur et de notre travail (...). Je vois avec dépit, en plusieurs ménages, Monsieur revenir maussade et fatigué du tracas des affaires, aux environs de midi, alors que Madame est encore à se coiffer et s'attifer en son cabinet. [5] »

1. *Livre Ier, chapitre 30.*
2. *Livre III, chapitre 4.*
3. *Livre II, chapitre 31.*
4. *Livre III, chapitre 5.*
5. *Livre III, chapitre 5.*

Effrayant réquisitoire misogyne qui exprime les idées reçues dont Montaigne est nourri, tout comme ses contemporains. Il paraît percevoir ce que cette représentation manichéiste a d'excessif puisque, comme par hasard, il note : « Il est bien plus aisé d'accuser un sexe que d'excuser l'autre (...); je dis que les mâles et les femelles sont fabriqués du même moule et, malgré les usages, la différence n'est pas grande. [1] »

Après tant de critiques, de mépris, de défiances qui sont attitudes des beaux esprits et des institutions de son siècle, Montaigne paraît s'extraire des discours du temps et ébaucher les traces de ce qui sera, quelques siècles plus tard, le fondement du discours et de la revendication féministe. Déroutant humaniste dont la clairvoyance surprend : « Les femmes n'ont pas tort du tout quand elles refusent les règles de vie auxquelles on entend les soumettre, d'autant que ce sont les hommes qui les ont faites sans elles... [2] »

Est-ce finalement que les femmes sont des êtres charmants, « que les hommes traitent fort mal alors que c'est pour moi un doux commerce que celui des belles et honnêtes femmes [3] » ? Sans doute faut-il savoir leur complaire, sans excessive soumission, et faire confiance à leurs vertus économiques : « La

1. *Livre III, chapitre 5.*
2. *Idem.*
3. *Livre III, chapitre 3.*

plus utile et honorable science et occupation d'une femme, c'est la science du ménage (...). Selon ce que l'expérience m'en apprit je requiers d'une femme mariée, au-dessus de toute autre vertu, la vertu économique. [1] »

C'est d'ailleurs ce qu'il fit, confiant à sa femme l'administration de ses biens au printemps 1580, « lui laissant par mon absence tout le gouvernement en main [2] ». Reconnaissons que sa confiance devait être grande, car son absence devait durer dix-huit mois...

---

1. *Livre III, chapitre 9.*
2. *Idem.*

Chapitre 7

« La forme de donner le sacrement... »

(Journal de voyage en Italie)

En 1559, lorsque meurt accidentellement Henri II, on peut imaginer qu'au terme de deux grands règnes [1] le royaume de France va connaître une durable stabilité : François Ier et Henri II ont résisté convenablement aux prétentions hégémoniques des Habsbourg – la Maison d'Autriche comme on disait alors – en même temps qu'ils ont poursuivi l'œuvre administrative d'unification, et favorisé une expansion économique fondée sur une extension des productions agricoles, un développement progressif des arts mécaniques et une réelle intensification des échanges commerciaux.

Las, cette relative prospérité a profité surtout aux classes aisées; elle ne concerne pas la majorité des populations paysannes, dépendantes des aléas

1. *François Ier (1515-1547); Henri II (1547-1559).*

des récoltes, ni les provinces du royaume, ravagées par les guerres coûteuses qu'il a fallu soutenir. Surtout elle masque une profonde inquiétude populaire à laquelle ne répond plus, en tout cas plus assez, l'Église, discréditée par l'absentéisme des clercs et plus encore par de profonds abus, l'Église accusée par Savonarole d'être « une prostituée qui a dévoilé sa honte aux yeux de l'Univers entier, et dont l'haleine empoisonnée s'est élevée jusqu'au ciel [1] ».

Assez rapidement une partie de l'élite française avait adhéré, au début du XVIe siècle, aux idées des moines réformateurs, progressivement organisés en religions protestantes. En 1541 Calvin avait publié une traduction en langue française de son texte essentiel [2]; à partir de cette date les idées de réforme religieuse, débordant les milieux intellectuels, s'étaient répandues dans tout le royaume tant un nombre croissant de Français, révoltés par les « horribles, grands et importants abus » de l'Église catholique, éprouvait profondément le besoin d'une explication rassurante au terme de tant de malheurs (pestes noires, guerres, famines...) et, aussi profondément, le besoin d'une réponse à leur angoisse devant

1. *Savonarole (1442-1498) fut un prédicateur italien qui dénonçait avec la même violente fougue la perversion des mœurs, la corruption de l'Église et la tyrannie du pouvoir politique. Sa tentative d'installation d'une république théocratique à Florence (1494-1497) fut interrompue par son arrestation et sa condamnation (il fut pendu puis brûlé), mais ses sermons eurent un immense retentissement dans toute l'Europe chrétienne du XVIe siècle.*

2. Institutio Christianae Religionis.

la mort et la menace de l'enfer, présenté alors comme l'expression de la colère du Dieu vengeur.

Luther, dont les écrits et les sermons affirment que Dieu n'est pas juge mais père, et que pour le croyant sincère il n'y aura pas d'enfer car Dieu est sauveur, rassure; Calvin aussi qui sans relâche affirme l'infaillibilité des Saintes Écritures et développe une ferveur pour la Bible, encouragée par une diffusion importante de traductions « en parler de tous les jours »; en même temps les réformateurs favorisent le goût et l'habitude de la prière personnelle, réponse individuelle appropriée à la dévaluation de la hiérarchie de l'Église, de sa liturgie, et même de son sacerdoce.

La mort d'Henri II paraît libérer un climat de terreur et de haines engendré par les antagonismes religieux. Le succès croissant des idées de Réforme – en Guyenne, Poitou, Touraine, Agenais, Lyonnais, Dauphiné – et surtout la multiplication des églises protestantes [1] alarment les catholiques et mettent en cause l'unité du royaume sous les règnes des trois derniers Valois, au pouvoir chancelant. Le parti catholique est soutenu par l'Espagne (les Habsbourg n'ont pas renoncé à leurs prétentions) et par la Papauté; le camp protestant par l'Angleterre et certains États allemands et, de 1562 à 1598, huit

1. *La première fut « dressée » à Sainte-Foy en 1541; en 1561 il y en avait six cent soixante-dix dans le royaume.*

guerres de religion vont déchirer et ensanglanter la France...

« Monstrueuses guerres » que les guerres civiles, écrit Montaigne. « Les autres guerres agissent au-dehors ; la guerre civile, guerre contre soi, se ronge et se défait par son propre venin. Elle est de nature si maligne et si ruineuse qu'elle se ruine, et se déchire, et se démembre de rage... Nous la voyons plus souvent se dissoudre par elle-même (...) que par la force ennemie. Toute discipline la fuit. Elle veut guérir la sédition, et est elle-même séditieuse, elle veut châtier la désobéissance et en montre l'exemple, elle est employée à la défense des lois et se rebelle contre ses propres lois. Où en sommes-nous ? Notre médecine apporte l'infection, notre mal s'empoisonne du secours qu'on lui donne... [1] »

Montaigne est indigné de l'acharnement et de l'atrocité de ces guerres civiles, et des dangers qu'elles font courir à l'unité du royaume. Ce sont folies, révélatrices de « notre imbécillité et imperfection » ; la France lui paraît être si tombée en perversion générale qu'il en conçoit horreur : « Je vois non une action, ou trois, ou cent mais nos mœurs communes devenues si monstrueuses en inhumanité et déloyauté (...) que je n'ai pas le courage de les concevoir sans horreur (...). J'aperçois en ces démembrements de la France, et divisions où nous

1. *Livre III, chapitre 12.*

sommes tombés, que chacun travaille à défendre sa cause, mais, même les meilleurs, avec déguisement et mensonge (...). Nous vivons en un monde où la loyauté des propres enfants est inconnue...[1] »

Comme le signale Montaigne ce ne sont pas des controverses dogmatiques, ou des différences dans « la forme de donner le sacrement » qui expliquent la violence des guerres de religion dans la seconde moitié du XVIe siècle : la réforme protestante est devenue faction, puis parti au service d'ambitions rivales contre lesquelles se dressent d'autres ambitions rivales, celles du roi Valois en qui s'incarne l'unité du royaume menacée par les sectes, celles plus extrémistes des princes de Lorraine qui constituent et organisent la Sainte Ligue en force capable de leur permettre de recueillir l'héritage Valois.

Faire profession de foi catholique, ou huguenote, c'est alors en même temps poser une conviction religieuse et manifester un engagement politique. Montaigne affirme clairement sa fidélité au culte de ses ancêtres : il est catholique, et royaliste, comme il se sent français et parce qu'il se sent français : « Nous nous sommes rencontrés au pays où elle [cette religion] était en usage; où nous regardons son ancienneté, et l'autorité des hommes qui l'ont maintenue; où nous craignons les menaces qu'elle annonce aux mécréants (...). Nous sommes chrétiens

1. *Livre III, chapitre 9.*

au même titre que nous sommes périgourdins, ou allemands... [1] »

Il lui faut donc s'opposer à la Réforme qui est au fond illégale, source de guerre civile endémique, destructrice de l'État, obstacle à l'organisation de la vie sociale. D'une certaine façon ce que Montaigne reproche aux huguenots ce n'est pas d'aimer Dieu autrement, ou d'interpréter de façon différente les Écritures Saintes, c'est essentiellement d'être destructeurs : il apparaît tolérant aux convictions religieuses et souvent raconte dans le *Journal de Voyage* qu'il a visité des temples protestants à Mulhouse, Bâle ou encore Constance, et paraît s'être intéressé à « ces populations qui ne sont pas catholiques ». Il ne peut accepter « la nouvelleté, quelque visage qu'elle porte », et il a de bonnes raisons pour cela, « en ayant vu les effets très dommageables [2] ».

A la limite on a le sentiment dans le *Journal de Voyage* qu'il met sur le même plan les huguenots destructeurs d'églises et les barbares qui ont anéanti Rome, crime impardonnable à ses yeux. D'ailleurs la religion lui paraît absente des guerres de religion : « Les uns font croire au monde qu'ils croient ce qu'ils ne croient pas. Les autres en plus grand nombre tentent de s'en convaincre mais ils ne sont pas pénétrés de leur croyance et nous trouvons étrange que

---

1. *Livre II, chapitre 12, apologie de Raymond Sebond.*
2. *Livre Ier, chapitre 23.*

dans les guerres qui agitent notre État nous voyons flotter les événements (...). Les hommes se servent de la religion alors que ce devrait être le contraire (...). Il y a ceux qui tirent à droite, ceux qui tirent à gauche, ceux qui en disent le blanc, ceux qui en disent le noir, mais tous l'emploient pareillement à leurs violentes et ambitieuses entreprises. [1] »

Et Montaigne ajoute : « Confessons la vérité : celui qui voudrait réunir ceux qui sont entraînés par le seul zèle d'une affection religieuse et ceux qui sont entraînés par le souci de protéger les lois de leur pays ou de servir leur prince (...) ne pourrait en constituer une compagnie complète de gens d'armes... [2] »

Il ne suffit pas de se défier de ceux pour qui la religion est prétexte, ou spéculation d'ambition : « Je ne parle pas de ceux qui s'en servent de prétextes pour exercer des vengeances particulières, ou s'enrichir, ou rechercher la faveur des princes [3] »; il faut aussi se défier des excès, même commis de bonne foi : « Il est ordinaire de voir les bonnes intentions, si elles sont conduites sans modération, pousser les hommes à des effets très vicieux (...), même ceux qui s'engagent par vrai zèle envers leur religion et sainte affection à maintenir la paix de leur patrie (...), il s'en voit que la passion pousse hors les bornes de la raison » et, parmi ceux-ci, souvent les nouveaux

1. *Livre II, chapitre 12.*
2. *Idem.*
3. *Livre II, chapitre 19.*

convertis ou les récents ralliés, lesquels « pour se purger du soupçon de leur erreur passée salissent leur cause d'infinis reproches de violence [1] ».

Au fond, autant que les partis extrêmes ce sont les attitudes extrêmes que Montaigne condamne. Les excès de zèle, quels qu'en soient les motifs honorables ou intéressés, parce qu'ils entretiennent et aggravent la misère du pays, sont écoles de trahison et instruments de destruction. En ce qui le concerne il a choisi son parti et n'en dévie pas; il est dévoué à la royauté, et fidèle à l'Église catholique : « Ainsi me suis-je, par la grâce de Dieu, conservé entier, sans agitation et trouble de conscience, aux anciennes croyances de notre religion, malgré tant de sectes et de divisions que notre siècle a produites. [2] » Montaigne pratique sa religion. Dans le récit qu'il fait de son long voyage [3] il évoque avoir entendu la messe en nombreuses villes, avoir fait ses Pâques à Notre-Dame-de-Lorette; dans son château la messe est célébrée dans la chapelle catholique... et c'est précisément en entendant la messe dans la chapelle de Montaigne qu'il mourut.

Pratiquant, Montaigne est aussi partisan résolu de la soumission absolue aux préceptes de l'Église : « Ou il faut se soumettre entièrement à l'autorité de notre police ecclésiastique, ou il convient de s'en dis-

1. *Livre Ier, chapitre 54.*
2. *Livre II, chapitre 11.*
3. Journal de Voyage.

penser entièrement. Ce n'est pas à nous d'établir la part que nous lui devons d'obéissance...[1] » Ayant choisi en ces temps de troubles le parti qui maintient la police et la religion anciennes du pays, Montaigne respecte les convenances sociales – il se plie aux rites de la pratique religieuse et à la discipline de l'Église – même s'il paraît que ses sentiments religieux tiennent sans doute plus d'un ralliement « au meilleur et plus sain parti » que d'un acte de foi engageant sa conviction.

Dans l'apologie de Raymond Sebond, dissertant sur les croyances humaines, Montaigne observe qu'en d'autres temps il aurait volontiers adoré le soleil, ou la Nature qu'il confond parfois avec Fortune, ou Dieu. Plus loin à diverses reprises il célèbre Nature « qui est un doux guide, mais non plus doux que prudent et juste (...). J'accepte de bon cœur, et avec reconnaissance, ce que Nature a fait pour moi, et m'en félicite. On fait tort à ce tout-puissant donateur qu'est la nature de refuser son don, de l'annuler ou le défigurer (...). Il convient de s'en remettre sagement à Nature (...) propre à reposer une tête bien faite...[2] »

En d'autres occasions on surprend Montaigne à utiliser selon la même acception Nature, ou Fortune, ou encore Dieu : « Dieu donne le froid et le chaud et me donne les passions selon les moyens que j'ai de les

1. *Livre Ier, chapitre 26.*
2. *Livre III, chapitre 13.*

soutenir. Nature, m'ayant découvert d'un côté, m'a couvert de l'autre... [1] » ou encore, plus clairement : « Je laisse le langage humain dire fortune, destinée, accident, heur et malheur et Dieux, ou autres phrases, selon la mode... [2] »

Montaigne, qui eut au cours de son séjour à Rome quelques débats avec la censure, se contredit volontiers en matière religieuse, au point qu'on s'interroge sur la réelle nature de sa conviction profonde. Quand exprime-t-il ce qu'il pense et ressent ?

Lorsqu'il écrit l'apologie de Raymond Sebond il paraît faire siennes ces remarques qui fondent la foi catholique : « Les chrétiens ont tort de vouloir étayer leurs convictions par des raisons humaines alors que la conviction religieuse ne se conçoit que par un acte de foi et une inspiration particulière de la grâce divine (...). Toutefois il me paraît que pour une chose si divine et si haute, surpassant de si loin l'intelligence humaine, comme est cette Vérité qu'il a plu à la bonté de Dieu de nous transmettre, il est bien nécessaire qu'il nous aide encore... parce que les moyens purement humains – sans la grâce divine – ne sont pas capables de nous faire accepter cette vérité (...). C'est la foi seule qui embrasse vivement et certainement les hauts mystères de notre religion. Cela ne veut pas dire que ce ne soit pas une très belle et louable entreprise de mettre les outils naturels et

1. *Livre Ier, chapitre 27.*
2. *Livre Ier, chapitre 56.*

humains que Dieu nous a donnés au service de notre foi. Nous ne nous contentons point de servir Dieu d'esprit et d'âme; nous lui devons encore, et lui rendons, une révérence corporelle (...). Il faut accompagner notre foi de toute la raison qui est en nous, avec toujours cette réserve de penser que ce n'est pas de nous que la foi dépend, ni que seuls nos efforts et arguments puissent atteindre une science divine et supernaturelle. [1] »

La religion catholique n'est-elle que discours qui n'entraîne pas les comportements des chrétiens ? Montaigne s'interroge : « On devrait dire : sont-ils justes, si charitables, si bons ? Ils sont donc chrétiens. Toutes autres apparences sont communes à toutes religions : espérance, confiance, cérémonies, pénitence, martyres. La marque particulière de notre vérité devrait être notre vertu... Si nous avions une seule goutte de foi, nous remuerions les montagnes de leur place, dit la Sainte Parole... Notre religion est faite pour extirper les vices; elle les couvre, les nourrit, les incite. [2] »

Serait-ce « que nous ne recevons notre religion qu'à notre façon et par nos mains, et non autrement que les autres religions se reçoivent ? » Mais alors, « quoi qu'on nous prêche, quoi que nous apprenons il faudrait toujours se souvenir que c'est l'homme qui donne et l'homme qui reçoit; c'est une mortelle main

1. *Livre II, chapitre 12.*
2. *Idem.*

qui nous le présente, c'est une mortelle main qui l'accepte [1]. »

Ici Montaigne semble oublier l'intervention divine qu'il prétendait indispensable à la foi... Peut-être n'est-ce que présomption des hommes d'imaginer pouvoir être, de quelque façon que ce soit, en rapport avec Dieu. Peut-être le Dieu que nous honorons n'est-il en définitive que création : « C'est bien loin d'honorer celui qui nous a fait, que d'honorer celui que nous avons fait. » Peut-être fabriquons-nous un Dieu parce que nous en avons besoin, parce que nous sommes incapables d'athéisme : « L'athéisme est une proposition dénaturée et monstrueuse, difficile et impossible à établir en l'esprit humain aussi déréglé et insolent qu'il puisse être (...), car ce monde est un temple très saint dans lequel l'homme est introduit pour contempler le soleil, les étoiles, les eaux et la terre. Les choses invisibles de Dieu, dit saint Paul, apparaissent par la création du monde [2]; or nos raisons et nos discours humains c'est comme la matière lourde et stérile : la grâce de Dieu en est la forme. [3] »

---

1. *Livre II, chapitre 12.*
2. *St Paul,* Épître aux Romains, *I,20 :*
   « Dieu même offre en spectacle le ciel
   En le faisant rouler sans cesse sur nos têtes
   Il dévoile sa face et s'inculque en nous
   Afin de nous livrer en pleine connaissance
   Son être, et sa démarche, et les lois qu'il observe. »
3. *Livre II, chapitre 12.*

Est-ce pour cela qu'il y a dans toute société des croyances, parfois fort proches des croyances chrétiennes, et qui entraînent des pratiques de mœurs fort semblables, en dehors de la Révélation ? Montaigne en multiplie les exemples, empruntés aux récits des penseurs et philosophes antiques ou aux narrations de voyages : « En vérité, considérant ce que nous avons appris, je me suis souvent émerveillé de voir à une très grande distance de lieux et de temps les rencontres d'un grand nombre d'opinions, de mœurs et de croyances (...) si semblables aux croyances chrétiennes. [1] »

Les croyances chrétiennes cependant sont seules vraies à son sens et c'est un effet de la Bonté du Créateur et la Grâce qui nous en ont permis l'accès : « Quelle obligation n'avons-nous pas à la bonté extrême de notre souverain créateur pour avoir déniaisé notre foi et l'avoir logée sur la base éternelle de sa Sainte Parole ! [2] »

Ainsi donc, Montaigne finit par en convenir au terme de mille observations, réflexions et emprunts aux penseurs, ce n'est pas une bonne manière d'argumenter en faveur de la religion chrétienne comme il le fait, car « l'homme ne peut voir que de ses yeux et ne saisir que de ses prises ; il ne s'élèvera que si Dieu lui prête extraordinairement la main ; il s'élèvera

1. *Livre II, chapitre 12.*
2. *Idem.*

abandonnant et renonçant à ses propres moyens s'il se laisse hausser et soulever par les moyens purement célestes; et c'est à notre foi chrétienne de prétendre à cette divine et miraculeuse métamorphose [1] ».

Il convient donc de savoir s'abandonner à la foi et à la piété plutôt qu'à nos seuls raisonnements, car « la peste de l'homme c'est son désir de savoir, alors que ce n'est pas par discours ou entendement que nous avons reçu notre religion... [2] »

C'est donc aux actions publiques qu'il faut réserver la glose et l'argutie, en même temps qu'il convient de les conduire avec bienveillance et modération, mais aussi méfiance vis-à-vis des modes et « estrangetés ».

Et c'est la modération – qui n'excluait pas chez lui la détermination et le dévouement au service commun – qui caractérise l'action publique de Michel de Montaigne.

1. *Livre II, chapitre 12.*
2. *Idem.*

LIVRE III

« L'âme agitée
de cette tracasserie publique. »

(Livre III, chapitre 10)

Chapitre 8

« Nous ne faisons que nous entregloser... »

(Livre III, chapitre 13)

On ne connaît pas avec certitude la ville universitaire où fut envoyé Michel de Montaigne lorsque, à l'âge de treize ans, il sortit du collège de Guyenne après avoir achevé son cours. Selon toute probabilité son père a dû souhaiter qu'il fréquente l'école de droit de Toulouse.

Pierre Eyquem, en effet, destinait son fils à la robe – comme on disait alors – c'est-à-dire à une carrière de magistrat, et, très attentif à ce qu'il reçût la meilleure instruction, il a sûrement souhaité que Michel fréquente la célèbre université où enseignait Cujas [1] depuis 1547; c'est d'ailleurs l'école de droit de Toulouse que fréquentaient au XVIe siècle la plupart des jeunes gens distingués qui se destinaient à la magistrature. C'est sans doute au cours de ses études

1. *Jacques Cujas, (1520-1590) est l'un des plus*

à Toulouse que Montaigne connut et apprécia Pibrac, Pasquier, Paul de Foix, Turnèbe, tous devenus personnages éminents avec lesquels il ne cessa d'être en relations amicales. En outre dans différents chapitres des *Essais*, Montaigne, qui parle de Toulouse, laisse entendre qu'il y a séjourné en son adolescence [1].

La forte discipline qui régnait alors à l'université de Toulouse, et qui fondait sa réputation, garantissait une forte activité aux étudiants si l'on en croit les souvenirs de l'un d'entre eux [2] : « Nous étions debout à quatre heures, et ayant prié Dieu, allions à cinq heures aux études, nos gros livres sous le bras, nos écritoires et nos chandeliers à la main. Pendant cinq heures sans interruption on écoutait des lectures, c'est-à-dire le commentaire fait par le maître des auteurs qu'il devait expliquer. Cela durait jusqu'à dix heures, après lesquelles on se hâtait, avant d'aller dîner, de revoir les notes prises au cours. Après dîner nous lisions, par forme de jeu, Sophocle, Aristophane ou Euripide, et quelquefois Démosthène, Cicéron, Virgile ou Horace. A une heure, après le dîner, les leçons recommençaient

---

éminents jurisconsultes français. Représentant de l'école historique, spécialiste du droit romain dont il rénova l'étude, il a enseigné à l'université de Toulouse de 1547 à 1554.

1. *Notamment Livre Ier, chapitres 20 et 25, et Livre II, chapitre 2.*

2. Mémoires *d'Henri de Mesmes, qui séjourna à l'université de Toulouse de 1545 à 1548.*

jusqu'à cinq heures, où nous retournions au logis pour y mettre en ordre les cahiers de cours et vérifier les passages des auteurs cités par le professeur, ce qui durait plus d'une heure. Puis nous soupions et lisions, en grec ou latin... »

On peut imaginer qu'alors, comme aujourd'hui, nombreux étaient les étudiants indolents qui devaient s'échapper de la contrainte de ce vigoureux programme : Montaigne dut s'y appliquer avec ardeur, convaincu par son père de se préparer activement à toutes les études : « Enfant, écrit-il, on m'y plongea jusqu'aux oreilles, et il succedoit. » Il fit bien, puisque, à peine achevées ses études juridiques, son père le fit entrer dans la magistrature en lui transmettant son propre office, acheté à la cour des aides de Périgueux.

C'est le roi François Ier qui avait officiellement établi en France la vénalité des charges de justice, pour financer les guerres extérieures et faire face à ses propres dépenses, qui incluaient le mécénat des arts et lettres de la Renaissance et les somptueuses constructions des châteaux du Val-de-Loire. La vente des offices et la multiplication des offices à vendre étaient un excellent moyen d'obtenir des ressources financières, et le roi Henri II poursuivit cette pratique. C'est ainsi que, par un édit de 1554 rendu à Fontainebleau, le roi fondait une nouvelle cour des aides [1] à Périgueux, combinant son désir de trouver à

1. *Les aides royales étaient des impôts perçus par*

cette occasion de nouvelles ressources avec le désir d'améliorer le fonctionnement de la justice en rapprochant le juge du justiciable puisque, pour les matières de finances, les plaideurs étaient jusqu'alors contraints de s'adresser fort loin, à Montpellier ou Paris.

En dépit de quelques résistances du parlement de Paris, qu'on imagine irrité de voir ainsi ses compétences limitées, le roi tint bon et ordonna l'installation de la cour souveraine des aides de Périgueux, ayant juridiction sur les généralités[1] de Lyon, Agen et Poitiers. Pierre Eyquem fut l'un des premiers conseillers désignés, même s'il n'occupa cette charge que quelques semaines puisque, le 1er août 1554, il était élu maire de Bordeaux, et qu'on n'imagine pas que cette haute dignité puisse être cumulée avec l'office de conseiller aux aides de la cour de Périgueux. Nanti de deux fonctions inconciliables, Pierre Eyquem s'employa donc à résigner son office de conseiller en faveur de son fils Michel; peut-être même ne l'avait-il sollicité que pour pouvoir le céder à Michel, sans doute dès 1554.

---

les rois de France sous l'Ancien Régime. Les cours des aides jugeaient les matières des aides, c'est-à-dire les contentieux en matière fiscale.

1. *Sous l'Ancien Régime les généralités étaient des circonscriptions financières, parfois très étendues, placées sous l'autorité d'un intendant du roi.*

En fait, Michel, nommé ainsi à vingt et un ans général-conseiller [1], exerça peu cet office à Périgueux – même si, à cette occasion, il fut initié à la complexité de la fiscalité alors pratiquée – puisque en mai 1557 paraissait un nouvel édit royal supprimant totalement la cour des aides de Périgueux et décidant l'incorporation de son personnel à celui du parlement de Bordeaux. Ainsi, par décision du roi Henri II [2], les officiers de la cour des aides de Périgueux sont nommés conseillers à la cour du parlement de Bordeaux, et devront être traités selon les prérogatives des autres conseillers. Parmi ceux-ci, expressément désignés, figure Michel Eyquem de Montaigne, qui est alors âgé de vingt-quatre ans [3].

Il conserva cette charge pendant treize années : on lit dans les registres que, le 24 juillet 1570, le roi – il s'agit alors de Charles IX – accepte la résignation de l'office de conseiller au parlement faite par Michel de Montaigne en faveur de Florimond de Raymond.

---

1. *Les membres des cours des aides s'appelaient généraux-conseillers à cause de la division administrative en généralités sur lesquelles s'étendait leur juridiction.*

2. *Lettres patentes d'octobre 1557. Les lettres patentes étaient des lettres que le roi adressait ouvertes au parlement, sans doute afin que nul n'ignore leur contenu.*

3. *Archives départementales de la Gironde. Registres du parlement de Bordeaux.*

Les opinions sont partagées sur l'intérêt que prit Montaigne à sa charge de magistrat, et sur l'assiduité avec laquelle il siégeait en son office, occupation qu'il déclare dans les *Essais* « n'être aucunement de son gibier [1] », quoique la rigoureuse formation reçue à Toulouse l'ait assurément préparé à se retrouver dans le labyrinthe des interprétations contradictoires, difficulté majeure pour veiller à l'application de la loi. Outre la connaissance des ordonnances royales à l'application desquelles il leur revenait de veiller, les magistrats du XVIe siècle devaient avoir connaissance du droit romain écrit, qui s'imposait encore en Aquitaine et Guyenne, comme dans toutes les provinces du midi de la France, et connaissance égale des coutumes locales; ainsi au parlement de Bordeaux les magistrats devaient-ils considérer et appliquer les coutumes de Bordeaux, Saintes, Saint-Jean-d'Angély, Dax et Bayonne. On conçoit l'aridité de la besogne, et la difficulté de prononcer des jugements clairs, en usant de textes de références si dissemblables!

On imagine aisément que Montaigne, qui se décrit lui-même comme obstiné à ne pas se compliquer la vie (« Mon dessein est de passer doucement, et non laborieusement, ce qu'il me faut passer de vie »), comme ami d'une existence paisible, eut quelques difficultés à se résigner aux procédures si complexes qu'entraînait tout procès, on disait alors chicane. Sans doute s'efforça-t-il de s'acquitter en

1. *Livre III, chapitre 1.*

conscience de son office, mais il nous faut bien observer que, si les registres du parlement de Bordeaux mentionnent à différentes reprises le rôle de Montaigne, c'est le plus souvent à l'occasion de missions qu'il remplit à l'extérieur, et fréquemment à la Cour. C'est d'ailleurs, comme nous pourrons le constater plus tard [1], pendant les années où il fut conseiller au parlement de Bordeaux qu'il entreprit les premières missions où devaient se découvrir ses qualités de négociateur, constatation qui nous suggère que, s'il fut compétent et sans doute consciencieux dans son office de magistrat, Montaigne n'y fut pas très assidu, prompt à saisir chaque prétexte d'une mission extérieure pour déserter l'office de chicane dans lequel il souffrait à enfermer sa curiosité d'esprit, et peut-être aussi son ambition, insatisfaite, d'être employé plus utilement. C'est probablement à cette déception qu'il faudra attribuer sa retraite studieuse. C'est du moins ce qu'il paraît confirmer en écrivant : « Celui-là fait des *Essais* qui ne put faire des effets. »

Sans doute aussi son esprit, familier des grandes idées des penseurs de l'Antiquité, et entraîné aux réflexions et méditations philosophiques, était-il plus naturellement incliné à réfléchir sur les lois, ou à s'indigner de leur multiplicité – « Nous avons en France plus de lois que le reste du monde ensemble [2] » – source d'une « confusion extrême de jugements; ce qu'une compagnie a jugé l'autre la juge au contraire, et elle-même au contraire une

1. *Cf. chapitre 8.*
2. *Livre III, chapitre 13.*

autre fois [1] ». Comme il l'écrira encore : « Il y a pour les juges plus à faire à interpréter les interprétations qu'à interpréter les choses, et plus de livres sur les livres que sur autre sujet : nous ne faisons que nous entregloser. [2] »

Ajoutez à cette critique, qui déplore que les magistrats soient plus entraînés à querelles d'experts et « entregloses » qu'à rendre justice aux sujets du royaume, l'opposition de Montaigne à l'usage, persistant en Gascogne, de rédiger actes et jugements en latin, malgré le commandement de François Ier qui, dès 1539, avait ordonné qu'ils soient écrits en français. Montaigne n'accepte pas que les sujets soient mis dans l'incapacité de comprendre les lois et les sentences [3] : « Quelle chose peut être plus étrange que de voir un peuple (...) attaché en toutes ses affaires domestiques, mariages, donations, testaments, ventes et achats, à des règles qu'il ne peut savoir, n'étant ni écrites ni publiées en sa langue, et desquelles, par nécessité, il lui faut acheter l'interprétation et l'usage ? [4] »

---

1. *Livre II, chapitre 12.*
2. *Livre II, chapitre 13.*
3. *Rappelons qu'au* XVIe *siècle seule une minorité de la noblesse et de la bourgeoisie bénéficiait d'instruction, et une minorité plus étroite encore de la connaissance et de l'usage du latin.*
4. *Livre Ier, chapitre 22.*

Montaigne se résigne mal à la complexité des procédures, critique la confusion des jugements, combat un fonctionnement de justice qu'il constate éloigné de la compréhension des justiciables, attitudes suffisamment nouvelles en son temps pour qu'on salue aujourd'hui leur modernité. Sa contestation de l'univers de justice va cependant plus loin, et plus profond, lorsqu'il s'élève contre la vénalité des offices de judicature, dont pourtant il fut bénéficiaire, ayant tenu de son père son premier office à Périgueux, lorsqu'il dénonce les procès en sorcellerie si fréquents au XVIe siècle, ou lorsqu'il condamne les pratiques barbares de la torture et de la question, bien avant qu'elles ne soient contestées par les esprits éclairés du XVIIIe siècle, et officiellement supprimées par la Révolution.

Ainsi sa condamnation de la vénalité des offices de judicature est-elle particulièrement énergique de la part d'un magistrat membre d'un parlement dont les charges s'achetaient et se vendaient : « Qu'est-il plus farouche que de voir une nation où, par légitime coutume, la charge de juger se vende, et les jugements soient payés à deniers comptants, et où légitimement la justice soit refusée à qui n'a de quoi la payer... [1] » Plus loin, il déplore encore qu'aux trois ordres anciens, qui sont l'Église, la noblesse et le peuple, s'ajoute un quatrième composé des gens capables de manier les procès, c'est-à-dire finalement de dire le droit.

---

1. *Livre Ier, chapitre 22.*

Aussi vigoureuse est sa dénonciation des procès en sorcellerie contre lesquels se dressent conscience et raison, sachant comme il est aisé d'accuser de sorcellerie en son temps : « En conscience, je leur eusse plutôt donné de l'ellébore que de la ciguë [1]; la justice a ses corrections pour telles maladies... Après tout c'est mettre ses conjectures à bien haut prix que d'en faire cuire un homme tout vif. [2] »

C'est cependant – avec courage car clairement à rebours de l'usage de son temps – contre la torture, cruauté qui accompagne la mort donnée comme sanction, et contre la question, institution effrayante qui consistait à valider les interrogatoires par divers supplices destinés à faire avouer les suspects, que Montaigne se prononce avec le plus de vigueur et de fermeté.

Sa dénonciation de la torture, cruauté inutile infligée aux condamnés à mort, est sans ambiguïté : « Tout ce qui est au-delà de la mort simple me semble pure cruauté. Notre justice ne peut espérer que celui que la crainte de mourir, et d'être décapité ou pendu ne garde de faillir, en soit empêché par l'imagination d'un feu languissant, ou des tenailles,

1. *L'ellébore (ou hellébore) diffusée en tisane passait autrefois pour guérir de la folie; la ciguë est une plante vénéneuse dont on extrayait un poison extrêmement violent. Socrate, dit-on fut condamné à boire de la ciguë.*

2. *Livre III, chapitre 2.*

ou de la roue... En quel état peut être l'âme d'un homme, attendant vingt-quatre heures la mort, brisé sur une roue, ou, à la vieille façon, cloué à une croix ? [1] »

Tout aussi forte est sa dénonciation de la question, qu'il appelle aussi géhenne, dénonciation qu'il reprend à plusieurs reprises dans les *Essais*. Non seulement il en dénonce la barbarie, mais encore il argumente sur son inutilité. Comme il a montré l'inutilité de la torture, dont la promesse n'est pas dissuasive auprès de ceux qui ne sont pas dissuadés par la promesse de la mort par le bûcher, la crucifixion, ou la pendaison, il démontre l'inutilité de la question pour accompagner les interrogatoires : comment en effet imaginer que pour interrompre l'intolérable torture, les hommes ne soient pas disposés à énoncer n'importe quelle vérité, et même pour en finir, à témoigner contre leur intérêt, contre leur conscience ? « C'est une dangereuse invention que celle des géhennes... car pourquoi la douleur me fera-t-elle confesser ce qui est, plutôt qu'elle me forcera à dire ce qui n'est pas ? Et au rebours, si celui qui n'a pas fait ce dont on l'accuse est assez patient pour supporter ces tourments, pourquoi ne le sera pas celui qui l'a fait ? D'où il advient que celui que le juge à géhenné pour ne pas le faire mourir innocent, il le fait mourir et innocent, et géhenné. N'est-il pas barbare et injuste, que sous prétexte de ne pas le tuer

1. *Livre II, chapitre 27.*

sans occasion [sans motif], vous lui fassiez pis que le tuer ? [1] »

Après celle d'Augustin à la fin de l'Empire romain [2], la protestation publique de Montaigne contre la torture est l'une des plus fortes... et d'autant plus significative qu'elle est prononcée par un magistrat ! Assurément Bordeaux peut être fière qu'une aussi forte condamnation de la torture ait été publiquement prononcée, contre les usages du temps, par un magistrat de son parlement !

Montaigne, magistrat, conteste certains des principaux usages de la justice de son temps, souligne que la loi est souvent arbitraire et irrationnelle, et, pourtant, maintient sa nécessité, et la nécessité absolue de lui obéir, « car si c'est de nous que nous tirons le règlement de nos mœurs, à quelles confusions nous rejetons-nous ! [3] » Il a appris, de son expérience de magistrat, que « de nos lois et usages il y en a plusieurs barbares et monstrueuses [4] », que beaucoup d'autres sont tissu d'incohérences et contradictions, brouillées qu'elles furent par la faiblesse de l'intervention des hommes, « la belle raison humaine brouillant et confondant le visage des choses selon sa vanité et son inconstance [5] ». Il sait que nombreuses sont les lois injustes, destinées par

1. *Livre II, chapitre 5.*
2. *Saint Augustin (354-430), évêque africain, théologien, docteur et Père de l'Église.*
3. *Livre II, chapitre 12.*
4. *Livre II, chapitre 11.*
5. *Livre II, chapitre 12.*

les privilégiés à maintenir leurs privilèges, et par ceux qui détiennent la force à conserver leur supériorité. Il reconnaît enfin que ces lois si imparfaites sont encore altérées du fait des désordres politiques de cette France déchirée par trente-six années de troubles parmi lesquels huit guerres de religions qui favorisent la dégradation d'une situation intérieure pitoyable [1]. Comme Montaigne le souligne : « Le commandement est si troublé et inconstant qu'il excite la désobéissance et le vice d'interprétation, de l'administration et de l'observation de nos lois. [2] »

Qu'importe pourtant ? Montaigne a beau reconnaître erreurs, imperfections, injustices même, il s'entête, obstiné à convaincre son lecteur qu'il convient malgré tout de leur obéir : « Ces lois se maintiennent en crédit, non parce qu'elles sont justes, mais parce qu'elles sont lois ; c'est le fondement mystique de leur autorité, elles n'en ont point d'autres ; et quiconque leur obéit parce qu'elles sont justes, ne leur obéit justement pas par où il doit... [3] » On le voit, il n'est pas question pour Montaigne que

---

1. *En 1562 Ronsard écrit le* Discours sur les misères de ce temps :

> *« M'apparut tristement l'idole de la France*
> *... Comme une pauvre femme atteinte de la mort.*
> *Son sceptre lui pendait, et sa robe semée*
> *De fleurs de lis était en cent lieux entamée*
> *Son poil était hideux, son œil hâve et profond*
> *Et nul majesté ne lui haussait le front. »*

2. *Livre III, chapitre 13.*
3. *Idem.*

quiconque s'autorise de ces critiques, quelque fondées qu'elles soient, pour contrevenir aux lois et usages!

Il n'est pas davantage souhaitable de contrevenir aux décisions des cours de justice, même si comme il l'écrit : « La forme de justice qui nous régit est un vrai témoignage de l'humaine imbécillité, tant il y a de contradiction et d'erreur![1] »

Qu'importe encore? Les lois, les coutumes, l'administration de la justice peuvent choquer la raison, heurter le bon sens, il convient cependant de se méfier de la nouveauté, de ne pas oublier que le mal absolu c'est le désordre, lequel procède toujours du besoin qu'ont les hommes de juger eux-mêmes. De plus, en ces temps « de démembrement et divisions où nous sommes tombés, il n'est si mauvais train qui ne vaille mieux que le changement et le reniement ».

Ainsi, Montaigne comme on l'a déjà observé, est toute méfiance à l'égard des remuements, des noveltés (nouveautés) comme il l'écrit à plusieurs reprises, en même temps que son magnifique bon sens d'homme de la Renaissance, d'humaniste, le rend clairvoyant pour observer et dénoncer excès, erreurs et imperfections.

Est-ce cette contradiction qui l'a conduit si tôt – en 1570, il n'a que trente-sept ans – à résilier ses fonctions de magistrat pour faire retraite en de stu-

---

1. *Livre III, chapitre 13.*

dieux loisirs ? Est-ce comme on l'a parfois écrit qu'il avait conçu du dégoût pour sa profession judiciaire ? Rien n'autorise à le penser, pas davantage qu'on ne saurait imputer sa retraite à la perte douloureuse se son ami Étienne de La Boétie, mort en 1563, ou encore à son mariage avec Françoise de La Chassaigne, épousée en 1565.

Alors ? Faut-il croire que les troubles religieux et politiques qui meurtrissent la France sont tels qu'ils découragent Michel de Montaigne de se consacrer au service public ? Pas davantage, car à maintes reprises il saura quitter sa retraite soit pour longues pérégrinations, soit pour précises et utiles missions, soit pour accepter, comme son père qu'il admirait tant l'avait fait avant lui, la belle charge de maire de Bordeaux, honneur qu'il n'avait pas sollicité et auquel l'entraîna la confiance de ses concitoyens.

Chapitre 9

« Une charge qui doit sembler d'autant plus belle... »

(Livre III, chapitre 10)

Bordeaux fut l'une des premières villes du royaume à avoir obtenu du pouvoir central la faculté de s'administrer elle-même [1] et, dès le XIIIe siècle, le corps de ville, composé des prud'hommes, des jurats et du maire [2], apparaît comme le gardien des privilèges dont les Bordelais, fiers avec raison, surent conserver la maîtrise, aussi bien à l'égard des rois d'Angleterre que de la couronne de France. C'est ainsi que lorsque les Anglais durent abandonner

---

1. *Dès le XIIIe siècle il y a des lettres patentes du roi Philippe IV le Bel adressées aux jurats et à la commune de Bordeaux dont il reconnaissait ainsi avec éclat la dignité et les privilèges.*

2. *Les prud'hommes, dont le nombre varia entre trente et vingt-quatre, étaient élus chaque année; leur assemblée formait le conseil ordinaire de la ville, un peu l'équivalent du conseil municipal d'aujourd'hui.*

Les jurats étaient les administrateurs de la commune qui, sous l'autorité du maire, assuraient le

Bordeaux, la commune surbordonna sa soumission à Charles VII au maintien de ses privilèges, qui lui fut garanti par traité le 20 juin 1451. La violation de ce traité fut la cause du soulèvement de la Guyenne, et Bordeaux, refusant de renoncer à ses libertés, fit appel au roi d'Angleterre qui dépêcha une armée sous les ordres de Talbot, lequel fut vaincu et tué à la bataille de Castillon en 1453, bataille qui mit un point final à la guerre de Cent Ans. Bordeaux dut alors se soumettre au roi de France, mais Charles VII, sagement, lui reconnut ses privilèges et libertés, confirmés ensuite par Louis XI. A plusieurs reprises et notamment en 1512, puis en 1548, Bordeaux se souleva lorsque le pouvoir royal attenta à ses libertés ; chaque fois le roi dut céder et confirmer les privilèges de la ville, dont l'énumération nécessitait plusieurs pages...

On imagine la fierté légitime que les Bordelais tenaient d'une telle histoire municipale, l'attachement qu'ils portaient à leurs libertés et à leurs privilèges, et l'éminente dignité qui s'attachait alors aux fonctions de maire de Bordeaux, « gardien des libertés et témoin de la puissance de la cité, reconnue dans toutes les nations de l'Europe comme l'une de ses plus illustres, populeuses et fameuses villes du royaume de France »...

---

gouvernement de la ville. Ils étaient élus pour un an et au terme de leur mandat ne pouvaient être élus de nouveau qu'après cinq ans. Leur nombre fixé à douze par une ordonnance du roi d'Angleterre fut progressivement limité et après 1550 il n'y eut plus que six jurats.

La dignité de maire de Bordeaux s'explique ainsi au XVIe siècle autant par l'héritage d'un passé prestigieux que par les prérogatives de la charge : « Il était le chef du corps de cette ville et des bourgeois; il avait, de toute antiquité, son logis, nommé la mairerie, à part... Il était souvent envoyé vers le roi pour affaires importantes. Toute la ville se reposait principalement sur lui, et s'il advenait quelque tumulte, les bourgeois et habitants de chaque jurade [1] s'assemblaient avec leurs jurats, puis tous les jurats avaient rendez-vous avec Monsieur le Maire... La plupart du temps il y avait, nommé par le roi, un connétable à Bordeaux qui conduisait les barons et gens d'armes quand il fallait marcher en campagne, et le maire ou son lieutenant (appelé sous-maire) conduisait les bourgeois et enfants de la ville. [2] »

Peu à peu les maires laissèrent aux jurats le souci de l'administration quotidienne et de la police intérieure de la cité pour se réserver de prendre en main les intérêts de Bordeaux pour chaque affaire d'importance, mais, expression symbolique des libertés de la ville, le maire se devait de figurer en tête de toutes les cérémonies publiques dont les Bordelais souhaitaient que l'éclat, et souvent la magnificence, témoignent de la puissance de leur cité et « de la

---

1. *Les jurades étaient les circonscriptions électives de chaque jurat.*

2. *Darnal,* Chroniques de la noble ville et cité de Bourdeaus *(1640).*

vigueur de son esprit municipal » : « Quand ils sont en corps il y a devant les élus quarante archers du guet, couverts de belles casaques d'écarlate, et tous les officiers de la ville; Monsieur le Maire, vêtu d'une robe de velours blanc et rouge, avec les parements de brocart, marche deux ou trois pas avant les sieurs jurats, lesquels marchent deux à deux, et le procureur et le clerc de ville, qui sont du corps aussi, marchent au dernier rang, avec leurs robes et chaperons à damas blanc et rouge, doublé de taffetas rouge, et celle de Monsieur le Maire de brocart... [1] »

Le 2 août 1581, le corps de ville de Bordeaux élit comme maire Michel de Montaigne, qui voyage depuis plus d'un an, et qui n'a pas de raison de s'attendre à un tel honneur, qu'il n'a pas sollicité et pour lequel assurément il ne témoigne au premier abord que très peu d'inclination. Comment expliquer que les Bordelais, pour succéder au maréchal de Biron, aient alors choisi pour exercer cette charge enviée quelqu'un qui ne la briguait pas et qui, au surplus absent, devait être ignorant des affaires d'alors ?

Il semble bien, assez curieusement si l'on connaît la longue animosité qui séparait les deux princes, que ce soit aux influences convergentes d'Henri III (Henri de Valois, roi de France) et d'Henri de Navarre (le futur Henri IV) que Montaigne dut cette élection assez surprenante, et répétons-le, non souhaitée.

---

1. *Id., ibid.*

Le maréchal de Biron, maire de Bordeaux depuis 1577, désirait fort être réélu dans ses fonctions et agitait ses partisans à la défense de sa candidature. Mais ce dernier, homme de guerre valeureux, avait, en dépit d'éminentes qualités, mécontenté à peu près tout le monde : le roi de France, qui souhaitait un rapprochement avec Henri de Navarre et le retour au calme de la Guyenne, jugeait que les attitudes martiales du maréchal faisaient désormais obstacle à sa politique; le roi de Navarre, plusieurs fois contenu dans ses ambitions par la défense résolue opposée par le maréchal, lui en conservait une tenace animosité; enfin et surtout les Bordelais, lassés du comportement rude et des attitudes martiales de Biron, se réjouissaient de la fin de sa magistrature et n'envisageaient pas de le reconduire à la mairie, et pas davantage de lui substituer son fils ou l'un de ses partisans comme finalement s'y employa le maréchal lorsqu'il fut convaincu de son probable échec. En ces temps où chacun paraissait vouloir l'apaisement, il fallait un maire qui ne soit d'aucune brigue et donc acceptable pour tous.

Il est probable que la réputation de mesure de Montaigne, sa renommée et le bon souvenir qu'il avait laissé dans l'exercice de son office de magistrat au parlement de Bordeaux, la connaissance qu'avaient les Bordelais de la considération que lui portaient aussi bien le roi de France que le roi de Navarre, le parti catholique que le parti huguenot, parurent arguments décisifs au corps de ville. On ne peut exclure que certains amis de Montaigne s'employèrent à faire valoir l'intérêt qu'aurait la cité à employer d'aussi éminents mérites... Toutes les raisons ensemble furent suffisantes : le corps de ville élut Montaigne, et l'on s'empressa de dépêcher au nouveau maire un courrier qui le rejoint en Italie. Arrivant à Rome le 1er octobre, le voyageur y trouve une lettre des jurats de Bordeaux qui lui annoncent officiellement sa nomination et le prient instamment de rejoindre la mairie.

Montaigne fut sûrement sensible à cet honneur mais, inquiet de sa capacité à assurer une telle charge, et sans doute plus soucieux de son repos et de sa liberté que de dignités éprouvantes, son premier mouvement fut de refus : « Messieurs de Bordeaux m'élurent maire de leur ville, alors que j'étais éloigné de France, et encore plus éloigné d'une telle pensée. Je m'en excusai. [1] »

Sans doute son souci réel de protéger sa vie intérieure – « Je m'engage difficilement... Autant que je puis, je m'emploie tout à moi... Mon opinion est qu'il faut se prêter à autrui et ne donner qu'à soi-même... » – l'aurait-il incliné à persévérer dans son refus d'une pareille charge, s'il n'avait osé se dérober à l'intervention du roi Henri III le pressant, lui enjoignant d'accepter.

---

1. *Livre III, chapitre 10.*

En effet, rentrant chez lui le 30 novembre 1581, au terme d'un voyage de retour assez musardé, il trouve une lettre du roi adressée à « Monsieur Michel de Montaigne, chevalier de mon ordre, gentilhomme ordinaire de ma chambre »... lettre qui fut déposée aux archives de la ville sans doute parce que les jurats la considérèrent comme marque d'honneur et distinction pour la ville, autant que pour son maire.

Que dit le roi ? « Monsieur de Montaigne, parce que j'ai en estime grande votre fidélité et zélée dévotion à mon service, ce m'a été plaisir d'entendre que vous avez été élu maire de ma ville de Bordeaux, ayant eu très agréable ladite élection, d'autant plus volontiers qu'elle a été sans brigue, et en votre lointaine absence. A l'occasion de quoi mon intention est, et je vous ordonne et enjoins bien expressément que, sans délai ni excuse vous reveniez au plus tôt, dès réception de cette lettre, assurer le service de la charge où vous avez été si légitimement appelé. Et vous ferez chose qui me sera très agréable, et le contraire me déplairait grandement. Priant Dieu, Monsieur de Montaigne, qu'il vous ait en sa sainte garde... »

On comprend l'honneur ressenti par Montaigne, et partagé par les jurats de Bordeaux à la lecture d'une telle lettre du roi; on comprend aussi que

Montaigne, pas davantage que n'importe quel gentilhomme français du XVIe siècle, ne peut longtemps balancer entre faire chose qui sera très agréable au roi et lui déplaire grandement. D'ailleurs l'hésitation est-elle possible lorsque le roi de France ordonne, et enjoint expressément ?

Montaigne ne pouvait plus refuser, et sans doute ne l'a-t-il pas longtemps regretté puisqu'il écrira : « C'est une charge d'autant plus belle qu'elle n'a ni loyer, ni gain, autre que l'honneur de son exécution. Elle dure deux ans, mais elle peut être continuée par une seconde élection, ce qui advient très rarement : elle le fut à moi et ne l'avait été que deux fois auparavant, il y a quelques années à Monsieur de Lansac et fraîchement à Monsieur de Biron, maréchal de France duquel je succédais, laissant ma succession à Monsieur de Matignon aussi maréchal de France. Je fus glorieux d'une si noble compagnie... [1] »

Mais en acceptant les honneurs de la charge Montaigne sait qu'il lui faudra en assumer les dangers et les tracasseries. Il se souvient que son père, entièrement dévoué au service de ses concitoyens, s'y consacra avec une telle passion qu'il y compromit ses propres affaires et sa santé. Sans barguigner la qualité d'un tel exemple, Montaigne n'entend pas enchaîner sa liberté : « Il faut ménager la liberté de

1. *Livre III, chapitre 10.*

notre âme, et ne l'hypothéquer qu'aux occasions justes, lesquelles sont en bien petit nombre, si nous jugeons sainement... Personne ne distribue son argent à autrui, chacun y distribue son temps et sa vie; il n'est rien de quoi nous soyons si prodigues que de ces choses-là, desquelles seules l'avarice nous serait utile et louable. [1] »

Montaigne certes n'exclut pas de se dévouer à sa charge, mais il tient à prévenir ses concitoyens que ces soins du bien public ne sauraient l'accaparer entièrement et que toujours « le maire et Montaigne seront deux, d'une séparation bien claire ». On a insisté pour qu'il soit maire, fort bien, mais il convient que chacun sache ce qu'on pourra attendre de lui.

« A mon arrivée je me déchiffrais fidèlement et consciencieusement, tout tel que je me sens être; sans mémoire, sans vigilance, sans expérience et sans vigueur; sans haine aussi et sans ambition, sans avarice et sans violence; je souhaitais qu'ils fussent informés et instruits de ce qu'ils avaient à attendre de mon service; et parce que la connaissance de feu mon père les avait incités seule à cela, je leur ajoutais bien clairement que je serais très marri que quelque chose fît autant d'impression sur ma volonté comme avaient fait autrefois en la sienne leurs affaires... [2] »

La référence à la mémoire et aux actions de son père est excessive modestie, mais habile; de toute

1. *Livre III, chapitre 10.*
2. *Idem.*

façon les Bordelais sont clairement avertis : leur nouveau maire sera dévoué mais saura se préserver : « J'ai pu me mêler des affaires publiques, sans me départir de moi de la largeur d'un ongle et me donner à autrui, sans m'ôter à moi... [1] »

Certes on manque d'informations, des sources assurées sur quoi se fondent habituellement les historiens, pour reconstituer avec précision l'ensemble des actions de Montaigne à la mairie de Bordeaux, mais le long développement qu'il consacre dans les *Essais* (Livre III, chapitre 10) à sa philosophie de la gestion des affaires publiques est éclairant sur le soin qu'il mit à préserver l'essentiel, en ignorant « d'agir pour sa réputation ou son profit particulier », et en acceptant avec sérénité que son action fût diversement et parfois injustement interprétée. Peut-être, il ne le dit pas, en a-t-il parfois été affecté « en son intime ». Jugeons-en :

« Toutes actions publiques sont sujettes à incertaines et diverses interprétations; car trop de têtes en jugent. Certains disent de cette mienne occupation de ville que je m'y suis porté en homme qui s'émeut trop lâchement, et d'une affection languissante; et ils ne sont pas du tout éloignés en apparence. J'essaye de tenir mon âme et mes pensées en repos; et si elles se débauchent parfois à quelque impression rude et pénétrante, c'est à la vérité, sans mon conseil. De cette langueur naturelle on ne doit pourtant tirer aucune preuve d'impuissance (car faute de soins et

1. *Livre III, chapitre 10.*

faute de sens ce sont deux choses), ni témoigner d'ingratitude envers ce peuple [les Bordelais] qui employa tous les extrêmes moyens qu'il eut entre ses mains à me gratifier, avant de m'avoir connu [comme maire] et après; et qui fit bien plus pour moi en me redonnant ma charge qu'en me la donnant la première fois.

« Je lui veux [à ce peuple bordelais] tout le bien qui se peut; et certes, si l'occasion s'en était présentée, il n'est rien que j'eusse épargné pour son service. Je me suis ébranlé pour lui, comme je fais pour moi. C'est un bon peuple guerrier et généreux, capable pourtant d'obéissance et de discipline, et de servir à quelque bon usage, s'il y est bien guidé...

« Qui se voudra servir de moi, selon moi, qu'il me donne des affaires où il fasse besoin de vigueur et de liberté, qui aient une conduite droite et courte, et encore hasardeuse, j'y pourrai quelque chose; s'il la faut longue, subtile, artificielle et tortueuse il fera mieux de s'adresser à quelqu'un d'autre. Toutes charges importantes n'étaient pas difficiles : j'étais préparé à m'y consacrer davantage s'il en eut été grand besoin; car il est en mon pouvoir de faire plus que je ne fais et que je n'aime à faire. Je ne laissais, que je sache, aucune action que le devoir ne requit à bon escient. J'ai facilement négligé celles que l'ambition mêle au devoir et couvre de son titre; ce sont les actions les plus ostentatoires qui le plus souvent contentent les hommes : non pas la réalité, mais l'apparence les satisfont; s'ils n'entendent du bruit il leur semble qu'on dort.

« Mes humeurs sont contradictoires aux humeurs bruyantes : j'arrêterai bien un trouble, sans me troubler; et châtierai un désordre, sans altération : ai-je besoin de colère et d'inflammation ? Je l'emprunte, et m'en masque... Nos hommes sont si formés à l'agitation et à l'ostentation que la bonté, la modération, l'équité, la constance, ne se sentent plus... C'est agir pour sa réputation et pour son profit particulier, non pour le bien de faire sur la place publique ce qui peut être fait en la chambre du conseil; et en plein midi ce qu'on aurait pu faire la nuit précédente, et d'être jaloux de faire soi-même ce que son compagnon fait aussi bien... Certains jugent que les bons règlements ne se peuvent entendre qu'au son de la trompette...

« La renommée ne se prostitue pas à si vil compte : les actions rares et exemplaires, auxquelles elle est due, ne souffriraient pas la compagnie de la foule innumérable des petites actions journalières...

« Je n'ai pas eu cette humeur inique et assez commune, de désirer que le trouble et la maladie des affaires de cette cité rehaussent et honorent mon gouvernement... J'en suis arrivé à peu près à ce que j'avais promis à ceux à qui j'avais à faire : car je promets volontiers un peu moins que ce que je puis et j'espère tenir... [1] »

Comment ne pas apprécier une telle sérénité, une telle dignité, une telle hauteur de vues dans la conception de la gestion des affaires publiques ? On imagine ce qu'eût écrit Montaigne confronté au brouhaha médiatique auquel, trop souvent, se résume l'action publique aujourd'hui...

---

1. *Livre III, chapitre 10.*

Dès sa prise de fonction, dont les jurats de Bordeaux déplorèrent qu'elle fût peu précipitée, Montaigne parut s'accorder avec le maréchal de Matignon, nommé en août 1581 lieutenant général du roi en Guyenne : il convenait de contribuer à pacifier cette région et le maréchal, homme résolu, expérimenté et conciliant, fut pour Montaigne précieux partenaire. Au reste, on l'a dit, le roi de France et le roi de Navarre avaient alors égal intérêt à ce que s'apaisent les conflits. Les premiers temps de la mairie de Montaigne furent donc calmes, et d'abord exclusivement consacrés aux affaires municipales.

Montaigne assume dignement les nécessaires démarches et cérémonies protocolaires, qu'on appelait alors offices de courtoisie : c'est ainsi qu'en janvier 1582 il assiste en sa qualité de maire à la séance solennelle d'ouverture de la cour de justice de Guyenne; quelques semaines plus tard, accompagné des jurats, il se rend à Cadillac pour y saluer le passage du roi et de la reine de Navarre; en multiples occasions on le retrouve assurant à la satisfaction de ses concitoyens l'éclat et les pompes des représentations municipales. Mais encore, bien que peu préparé à ces questions, il accompagne avec les jurats les réformes de leurs statuts souhaitées par plusieurs corporations : celles des parcheminiers, celle des bouchers ou encore celles des épingliers; on le voit aussi rendant avec la jurade un arbitrage à propos de contestations survenues entre le corps des couturiers et le corps des chaussetiers. On sait enfin que le maire dut se rendre à la Cour, à plusieurs reprises, pour des affaires de ville, sans connaître le détail de ces affaires.

C'est d'ailleurs à l'époque où le roi confirme en juillet 1583 les privilèges des bourgeois de Bordeaux, sans doute grâce à l'intervention de Montaigne, que les pouvoirs du maire viennent à expiration. Le maire sortant pouvant être réélu une fois, Montaigne fut réélu et, sûrement honoré de voir ainsi reconnue la façon dont il avait rempli son office, accepta cette marque de confiance des Bordelais.

Cette réélection, survenue en même temps que la nomination des nouveaux jurats fut contestée, pour raisons politiques et pour motifs juridiques, sous prétexte notamment des « manœuvres pratiquées pour obtenir des suffrages », et les mécontents portèrent leur réclamation auprès du roi, qui pria le maréchal de Matignon de donner son avis, lequel fut favorable au maire et aux jurats. L'affaire, convenablement terminée, témoigne de la renaissance des agitations partisanes en Guyenne, comme dans l'ensemble du royaume. Signe de ces troubles, les impôts rentrent mal, et le maire et les jurats – qui s'en inquiètent – constatent que le peuple les conteste parce qu'il les juge mal répartis. Montaigne pense que son devoir est d'éclairer le roi et de prendre la défense de ses concitoyens. En concertation avec les jurats, le 31 août 1583, il adresse au roi une remontrance. Le texte de cette lettre étonnante a été retrouvé dans les archives de la ville, et publié dans le *Courrier de la Gironde* du 21 janvier 1856... Texte d'une étonnante liberté de ton lorsqu'on pense qu'il est adressé au roi de France! Texte d'une étonnante modernité lorsqu'on pense qu'il a été rédigé au XVIe siècle! Texte enfin qui révèle une véritable passion de l'intérêt public lorsqu'on sait que son auteur affectait « de ne se donner qu'à soy-même ».

Qu'écrit Montaigne au roi Henri III, ce 31 août 1583 ? Lisons cette remontrance, comme l'ont découverte au siècle dernier les Bordelais lecteurs du *Courriers de la Gironde* : « En premier lieu, et bien que selon les ordonnances de Votre Majesté toutes impositions doivent être faites également sur toutes personnes, le fort supportant le faible, et qu'il soit très raisonnable que ceux qui ont les moyens les plus grands se ressentent de la charge plus que ceux qui ne vivent qu'avec hasard et de la sueur de leur corps, il est advenu depuis quelques années, et cette année même, que les plus riches et opulentes familles de la ville, et les plus importants officiers de Votre Majesté ont été exemptés des impositions qui ont été faites par votre autorité (...). Cela aboutit à ce que l'imposition soit supportée par les plus pauvres des habitants de la ville, ce qui est impossible, si par Votre Majesté il n'y est pourvu de remèdes convenables, comme nous [Montaigne et les jurats de Bordeaux] le requérons très humblement (...). La misère du temps a été si grande, ajoutée au malheur des guerres civiles, que personnes de tous sexes et qualités sont réduites à la mendicité, de façon qu'on ne voit, par les villes et les champs, qu'une multitude effrénée de pauvres, ce qui ne serait pas si était appliqué l'édit du roi Charles IX qui prévoit que chaque paroisse soit tenue de nourrir ses pauvres, sans qu'il leur soit possible de vaquer ailleurs (...). Plaise à Votre Majesté d'ordonner que cet édit soit étroitement gardé et observé avec injonction à tous sénéchaux et juges des lieux de veiller à son observation. »

Ces hautes préoccupations ne détournent pas le maire des autres soucis de sa charge. C'est ainsi qu'il se fait députer par l'ensemble des membres du corps de ville auprès du roi de Navarre, dont les partisans entravent la circulation fluviale, afin de lui représenter que le principal commerce de Bordeaux se faisant par la rivière la libre circulation est essentielle à la prospérité de la cité et qu'il convient que « ne soient plus arrêtés les bateaux chargés de marchandises tant en montant qu'en descendant ladite rivière Garonne, pour que n'advienne pas la totale ruine de ce pays ».

En avril 1583 ce ne sont plus les protestants qu'il faut contenir, mais les ligueurs qui forment rien moins que le projet de s'emparer de Bordeaux, où ils se sont ménagés des intelligences : assemblés autour du maréchal de Matignon, le maire, les jurats et les principaux officiers de la ville déjouent la conspiration et maintiennent la ville dans l'autorité royale, sans que soit échangée aucune violence et, grâce à la fermeté et aux précautions du maréchal, les Bordelais ne se soulevèrent pas. Montaigne, en ces circonstances et devant les réunions de bourgeois armés, ne laisse paraître aucune faiblesse. « Mon sentiment, écrit-il, fut qu'on évitât surtout de donner aucun témoignage de nos appréhensions... [1] » Il admet qu'il revient au maire de Bordeaux de témoigner sa vigilance pour éviter les entreprises des factieux, et s'y emploie.

S'étant employé « avec vigueur et liberté » à préserver Bordeaux de la guerre civile, Montaigne quitte la ville en juin 1585 pour aller protéger sa famille des excès et violences liés à un redoublement des combats entre catholiques et protestants qui viennent de piller son château et guerroient dans la vallée de la Dordogne, autour Puynormand, Sainte-Foy, Bergerac et Castillon... à proximité du château familial de Montaigne.

Ce souci de protéger les siens justifie-t-il que Montaigne, en juillet – pendant les dernières semaines de son mandat – n'ait pas rejoint Bordeaux ravagé par la peste ? On peut le penser, plutôt que de suivre les experts en courage épistolaire qui se sont indignés de l'absence du maire en ces semaines d'épidémie. D'abord parce que nulle trace n'a été trouvée d'un quelconque reproche formulé par ses contemporains. Ensuite parce qu'on se souvient que lorsque, mourant, son ami La Boétie tenta de l'éloigner, sous prétexte que sa maladie était contagieuse, Montaigne ignora ses prières et, simplement, le veilla avec constance et amical dévouement.

---

1. *Livre Ier, chapitre 24.*

Chapitre 10

« J'ai une âme libre accoutumée
à se conduire à sa mode. »

(Livre II, chapitre 17)

A plusieurs reprises Montaigne nous affirme dans les *Essais* le souci qui ne l'a pas quitté de protéger sa vie des envahissements et tracas de la chose publique : « Autant que je puis, je m'emploie tout à moi »; « mon opinion est qu'il faut se prêter à autrui et ne donner qu'à soi-même »; « je me contente de jouir du moment (...), de vivre une vie seulement excusable, qui ne pèse ni à moi, ni à autrui »; « j'en suis là que sauf la santé et la vie, il n'est chose pour quoi je veuille ronger mes ongles... [1] »

Ayant ainsi affirmé être ami par-dessus tout de son repos, Montaigne nous confesse qu'il est dépourvu d'ambition : « Je m'aimerais mieux deuxième ou troisième à Périgueux que premier à

---

1. *Livre II, chapitre 17.*

Paris[1] »; « quant à l'ambition, qui est voisine de la présomption (...), il eût fallu que la fortune me fût venir quérir par le poing...[2] »

Il faut le croire, Montaigne ne rechercha pas les occasions : troisième fils de famille, c'est naturellement qu'il fut destiné à la robe, et ce fut un heureux concours de circonstances si son père lui obtint son premier office de magistrat; en voyage lointain il n'a pas brigué d'être maire de Bordeaux, et c'est – on l'a vu – l'insistance du roi qui le convainquit d'accepter cette charge. Mais la vie publique de Montaigne ne se résume pas à son office de magistrat, à Périgueux puis à Bordeaux, ni à la charge de maire de Bordeaux. On découvre que, pendant plus de trente ans, sous cinq rois de France différents[3], au cours de l'une des périodes les plus agitées de notre histoire, Montaigne, gentilhomme aquitain, a exercé une influence considérable sur les affaires publiques sans jamais déroger à ses principes de raison et de justice pendant trente-six années de troubles, parmi lesquels huit guerres de religion, une anarchie profonde qui permit aux étrangers de s'immiscer à nouveau dans les affaires françaises, une politique peu cohérente qui paraissait impuissante à enrayer la dégradation d'une situation intérieure pitoyable.

1. *Livre III, chapitre 7.*
2. *Livre II, chapitre 17.*
3. *Henri II, François II, Charles IX, Henri III et Henri IV.*

Jamais semble-t-il il ne s'est départi dans sa conduite publique des principes et convictions qui lui semblent essentiels dans la vie privée; il ne manque cependant pas de dénoncer à différentes reprises, et souvent en adoptant un style pamphlétaire, les vices qui polluent la vie publique : la corruption, le vol, le mensonge et la dissimulation politique.

« La corruption du siècle se fait par la contribution de chacun de nous : les uns y confèrent la trahison, les autres l'injustice, l'irréligion, la tyrannie, l'avarice, la cruauté, selon qu'ils sont plus puissants; les plus faibles y apportent la sottise, la vanité, l'oisiveté... [1] » Cette corruption est tellement répandue qu'elle ne paraît épargner aucune personne susceptible d'être tentée. Avec une amère ironie Montaigne note : « A quelque chose sert le malheur : il fait bon naître en un siècle fort dépravé, car, par comparaison d'autrui, vous êtes estimé vertueux à bon marché : qui n'est que parricide et sacrilège à notre époque apparaît comme un homme de bien et d'honneur. [2] »

« Ennemi juré de toute falsification [3] », il considère que la société corrompue du XVIe siècle s'est installée dans le mensonge qui est devenu la commune expression des puissants, lesquels, de ce fait, ont perdu la confiance du peuple. « Le premier trait de la

---

1. *Livre III, chapitre 9.*
2. *Livre II, chapitre 17.*
3. *Livre Ier, chapitre 39.*

corruption des mœurs c'est le bannissement de la vérité... Notre vérité de maintenant ce n'est pas ce qui est, mais ce dont on persuade autrui, de la même façon que nous appelons également monnaie la bonne et la fausse monnaie... [1] » Intolérable dans la vie civile, le mensonge lui paraît exécrable et méprisable lorsqu'il prend la forme de la dissimulation politique, et l'on imagine le courage réel qu'il lui fallut pour le dénoncer en tels termes : « Quant à cette nouvelle vertu de feinte et de dissimulation, je la hais capitalement, et de tous les vices je n'en trouve aucun qui témoigne tant de lâcheté et bassesse de cœur. C'est une humeur couarde et servile que de s'aller déguiser et cacher sous un masque, et de n'oser se faire voir tel qu'on est... un cœur généreux ne doit pas démentir ses pensées... [2] »

Il le dit, au risque de paraître orgueilleux, rien ne justifie la pratique du mensonge : « J'aime mieux être importun et indiscret que flatteur et dissimulé; j'avoue qu'il peut se mêler quelque pointe de fierté et d'opiniâtreté à se tenir ainsi entier et ouvert comme je le suis (...); mais outre que je suis ainsi fait, je n'ai pas l'esprit assez souple pour gauchir à une prompte demande (...) ni pour feindre une vérité, ni assez de mémoire pour la retenir ainsi feinte... [3] »

Est-ce vertu excessive ou naïveté que prétendre ainsi renoncer à tout mensonge ou dissimulation, ou bien cette détermination de franchise est-elle raffine-

1. *Livre II, chapitre 18.*
2. *Livre II, chapitre 17.*
3. *Idem.*

ment d'habileté ? Montaigne répond : « Ceux qui disent communément (...) que ce que j'appelle franchise, simplicité (...) c'est art et finesse et plutôt prudence que bonté, industrie [calcul] que nature, bon sens que bonheur (...) me font plus d'honneur qu'ils ne m'en ôtent et, certes, ils font ma finesse trop fine (...). La voie de la vérité est une et simple. Celle du profit particulier, et de la commodité des affaires qu'on a en charge, double, inégale et fortuite... [1] »

C'est donc délibérément que Montaigne condamne toute fourberie, même si au XVIe siècle calcul et duplicité sont considérés comme instruments légitimes du pouvoir, nécessaires à son exercice comme vient de le démontrer avec éclat Machiavel, dont un petit livre, *le Prince* [2], a connu un immense retentissement.

C'est d'abord pour des raisons supérieures d'éthique que Montaigne refuse les entreprises machiavéliques, c'est ensuite parce qu'il considère par expérience que loyauté et droiture sont plus efficaces qu'ambiguïté et duperie : « Je ne suis que le droit chemin pour avoir trouvé qu'au bout du compte, c'est communément le plus heureux et le plus utile (...). J'ai vu de mon temps mille hommes, souples, métis, ambigus dont nul ne doutait qu'ils ne soient plus avisés que moi, se perdre où je me suis sauvé. [3] »

1. *Livre III, chapitre 1.*
2. Le Prince *de Machiavel (1513).*
3. *Livre II, chapitre 16.*

Corruption, mensonge, dissimulation politique... En a-t-on fini avec le catalogue des vices publics contre lesquels s'élever ? Montaigne ne s'arrête pas à la condamnation des mœurs politiques de son temps, il élève sa réflexion et sa critique : l'intérêt général selon lui ne saurait s'opposer aux intérêts particuliers, ni justifier que soient sacrifiées les essentielles vertus ordinaires sur lesquelles repose la vie en société.

Nicolas Machiavel domine la pensée politique de la Renaissance : constatant que les troubles civils des guerres de Religion compromettent la survie des États-Nations, il affirme que l'État est tout et que s'il se trouve en danger « aucune considération de justice ou d'injustice, d'humanité ou de cruauté, de gloire ou d'ignominie » ne doit être prise en compte, car tout est bon et juste pour sauver l'État.

Montaigne refuse cette conception de la vie politique, comme s'il pressentait l'usage qui pourrait plus tard être fait de cette mystique de l'État où sont en germe sans doute les totalitarismes d'aujourd'hui. Obstiné, il maintient que « l'intérêt commun ne doit pas tout requérir de tout contre l'intérêt privé (...), et que toutes actions ne sont pas possibles à un homme de bien, même pour le service de son roi... [1] » Au-dessus des nécessités – qu'il ne conteste pas – du gouvernement, au-dessus des contraintes et obligations de l'exercice du pouvoir, Montaigne installe un idéal de justice et de morale : « La justice en soi, naturelle

---

1. *Livre III, chapitre 1.*

et universelle, est autrement réglée, et plus noblement, que n'est cette autre justice spéciale, nationale, contrainte au besoin de nos polices. [1] »

Naïf, Montaigne ? Que non pas ! Il reconnaît que certains offices, qu'il appelle vicieux, peuvent être nécessaires, sans pour autant se priver de les condamner, en termes méprisants : « En toute police, il y a des offices nécessaires, non seulement abjects, mais encore vicieux... il faut laisser cette partie aux citoyens (...) qui sacrifient leur honneur et leur conscience... [2] » mais il est exclu, quelle que soit la mission publique qu'on lui confie, qu'il accepte d'user de telles pratiques : « Qui me voudrait employer à mentir, à trahir, et à me parjurer, pour quelque service notable (...), je dirais si j'ai volé ou dérobé quelqu'un, envoyez-moi plutôt en galère. »

Est-ce à dire que le philosophe, l'humaniste refuse l'engagement public, pour éviter d'être contaminé par d'aussi sordides pratiques ? Non, « je ne veux pas qu'on refuse aux charges qu'on prend l'attention, les pas, les paroles, la sueur et le sang au besoin », mais s'il convient de se dévouer aux affaires publiques il reste évident que « la principale charge que nous ayons c'est à chacun sa conduite » : on reste responsable de la qualité morale de son comportement et le fait de se mêler des affaires publiques ne saurait être un alibi pour se conduire de façon « dés-

1. *Livre III, chapitre 1.*
2. *Idem.*

honnête ». Mais il accepte finalement comme un devoir civique de consacrer à l'intérêt général – il disait « intérêt commun », ce qui est une belle expression.

Montaigne n'imagine pas que cet engagement puisse être partisan; il considère que se soumettre à un parti c'est aliéner sa liberté, et plus gravement encore accepter d'être entraîné à des alliances compromettantes : « Certes on fait tort aux partis justes quand on veut les secourir avec l'appui des fourbes. [1] »

Se soumettre à un parti, c'est se refuser le droit qu'il revendique de louer les qualités des adversaires ou de dénoncer les erreurs des amis : « Je ne sais pas m'engager si profondément et si entier : quand ma volonté me donne à un parti, ce n'est pas d'une si violente obligation que mon entendement s'en infecte (...); mon entendement ne m'a fait méconnaître ni les qualités louables chez nos adversaires, ni celles qui sont reprochables à ceux que j'ai suivis (...). Je me prends fermement au plus sain des partis mais je ne souhaite pas qu'on me désigne comme ennemi des autres. [2] »

En ces temps où il paraissait que chacun fût sommé de choisir son camp, et de s'y tenir, cette modération – qui distingue entre convictions et intérêts des partis, les intérêts se déployant si souvent à l'ombre des convictions – exposait Montaigne à être

1. *Livre III, chapitre 10.*
2. *Idem.*

traité également en ennemi par les partis différents. Il le savait, et l'acceptait. Son choix était fait, une fois pour toutes il était dévoué au parti royaliste et catholique, et il suivit cette voie, sans jamais s'en écarter, planté comme il le dit « là où il trouvait la loi ». Il a pris résolument position, s'est rangé dans le parti qu'il jugeait le meilleur pour la France, ce qui lui permettait de rester soumis aux lois du pays, mais jamais il ne laissa cet engagement le départir de l'impartialité qu'il considérait due à ses adversaires religieux ou politiques.

On peut imaginer que son attachement au parti royaliste et catholique tenait autant à ses convictions religieuses et à son sentiment que c'était autour du pouvoir royal restauré que la France pourrait refaire son unité, qu'à la profonde méfiance que lui inspiraient « les nouvelletés qui coûtent si cher à ce pauvre État ».

Montaigne n'est pas ennemi du progrès mais des « remuements » qui sont sources de violences et de hasardeuses innovations : « Je suis dégoûté de la nouvelleté (...) car j'en ai vu des effets très dommageables : ceux qui nous pressent depuis tant d'années (...), ceux qui ébranlent un État sont volontiers les premiers entraînés en sa ruine (...), et il me semble, à dire franchement, qu'il y a grande prétention à estimer ses propres opinions jusqu'au point où, pour les établir, il faut renverser une paix publique et introduire tant de maux inévitables et une si horrible corruption des mœurs, que les guerres civiles entraînent.[1] »

On peut imaginer que le spectacle des guerres de religion et des excès entraînés par certitudes de partis et ambitions de pouvoir a renforcé Montaigne dans sa méfiance des partis novateurs, méfiance à quoi devait l'incliner son caractère et son goût de la modération. Souvent, dans les *Essais*, il reprend sa condamnation des « remuements ». « Le pire que je trouve en notre État, c'est l'instabilité ; nos lois pas plus que nos vêtements ne peuvent prendre aucune forme définitive (...) ; il est bien aisé d'enseigner à un peuple le mépris de ses anciennes coutumes, mais personne jamais n'a rétabli un meilleur État à la place de celui qu'il avait ruiné...[2] »

« Rien ne perturbe autant un État que l'innovation. Le changement donne seule forme à l'injustice et à la tyrannie (...) ; on peut s'opposer à ce que la corruption naturelle à toutes choses ne nous éloigne trop de nos commencements et principes ; mais entreprendre de refondre une si grande masse, de changer les fondements d'un si grand bâtiment (...), c'est guérir les maladies par la mort.[3] »

1. *Livre Ier, chapitre 22.*
2. *Livre II, chapitre 17.*
3. *Livre III, chapitre 9.*

Conservateur, Montaigne ? Peut-être en vocabulaire d'aujourd'hui, si l'on s'arrête à son souci de respecter la loi et de préserver l'État, moindres maux en temps de troubles civils et religieux. Mais qu'on se souvienne de la remontrance qu'il a osé adresser au roi Henri III sur les inégalités fiscales... ou encore de ses affirmations selon lesquelles le gouvernement le plus juste est celui qui s'efforce d'atténuer les inégalités sociales : « Il est inhumain et injuste de faire tant valoir les prérogatives de la fortune, et les états les plus équitables sont ceux où il existe le moins de disparités entre les valets et les maîtres. [1] »

Étonnant discours au XVIe siècle, discours qu'on imagine mieux sous la plume des philosophes du siècle des Lumières. Montaigne ainsi paraît inclassable, comme sans doute il parut en son temps, notamment à la cour des Valois où les usages installés par François Ier conduisaient les gentilshommes, soit pour tenir leur rang et satisfaire aux convenances, soit pour rendre hommage au souverain.

Jusqu'à la fin du Moyen Âge, les rois de France, qui se déplaçaient beaucoup, n'étaient régulièrement entourés que des officiers attachés à leur service, ou des fonctionnaires chargés des soins du gouvernement. Ce n'est qu'à l'occasion des guerres – pour lesquelles ils les convoquaient à combattre à leurs côtés – que les rois retrouvaient les nobles. Ceux-ci, le plus souvent installés dans leurs châteaux, se

1. *Livre Ier, chapitre 42.*

consacraient à l'administration de leurs propriétés. Les plus puissants d'entre eux administraient leurs domaines comme principautés indépendantes, au point de s'arroger le droit – héritage des alliances féodales – de choisir, en fonction des intérêts de leur famille, le suzerain auquel rendre hommage : les multiples renversements d'alliances de la guerre de Cent Ans [1] n'ont pas d'autres explications, et c'est probablement une lecture trop contemporaine de l'Histoire d'alors qui nous les fait prendre pour trahison.

La leçon cependant ne fut pas perdue : après avoir achevé la réorganisation administrative et financière du royaume, Louis XI allait s'attacher à « mettre au pas » les grands féodaux et, après lui, Charles VIII et Louis XII utilisèrent les glorieuses expéditions italiennes pour mobiliser et réunir autour d'eux la noblesse du royaume. François Ier puis ses successeurs instituèrent la Cour, où progressivement fut domestiquée cette noblesse. Les gentilshommes y venaient pour solliciter offices ou faveurs, distinctions ou emplois ; les hauts fonctionnaires pour faire avancer un dossier ou présenter une requête, les capitaines pour célébrer leur victoire ou obtenir un commandement. Autour du roi se réunissait peu à

1. *On appelle guerre de Cent Ans la longue suite d'aventures militaires souvent pitoyables, guerres étrangères et civiles mêlées – qui ont ravagé la France de 1337, début du conflit avec l'Angleterre à propos de la possession de la Guyenne, à 1453, où la victoire française de Castillon mit un terme aux prétentions anglaises à la couronne française et aux revendications patrimoniales sur la Guyenne et l'Aquitaine.*

peu l'élite de la France, et il convenait que les gentilshommes – n'y eussent-ils aucun prétexte – se présentent régulièrement à la Cour. Montaigne y fit donc de nombreux séjours et il semble en avoir ressenti de l'agrément : « Par nature je ne suis pas ennemi de l'agitation des cours et y ai passé une partie de ma vie. [1] »

On retrouve dans les *Essais* les traces de certains de ses séjours effectués sous les règnes d'Henri II, François II et Charles IX, alors qu'il était conseiller au parlement de Bordeaux.

Il était à la Cour au moment de la mort d'Henri II, des suites fatales du coup de lance de Montgomery [2], et raconte qu'il porta le drap noir en signe de deuil : « A peine fûmes-nous un an pour le deuil de feu roi Henri Second à porter du drap à la Cour... »

Il accompagna ensuite la Cour en Lorraine au cours du bref règne de François II, puis pendant le long voyage que la régente Catherine de Médicis fit pour présenter le roi Charles IX aux provinces du royaume (1564 et 1565). En 1570, ayant résigné sa charge de magistrat, il est à Paris pour préparer l'édition des œuvres de La Boétie et séjourne quelque temps à la Cour, puis il semble que pendant huit ans, installé dans son château de Montaigne, il ne sorte pas de son isolement studieux, sauf sans doute en 1574 pour assister aux obsèques du roi Charles IX. En 1582 il revient à la Cour en qualité de maire de

1. *Livre III, chapitre 3.*
2. *10 juillet 1559.*

Bordeaux, puis en 1588 pour veiller à une nouvelle impression des *Essais*, et accompagne le roi à Chartres, Rouen, puis à Blois, où se réunirent les États Généraux.

Montaigne ne se contenta pas de séjourner à la Cour, il y vit ses mérites reconnus et y remplit quelques charges officielles. En 1571 – la date est incertaine mais le fait est avéré – Montaigne est promu par le roi Charles IX chevalier de l'ordre de saint-Michel, distinction qu'il reçoit avec honneur même s'il affecte de considérer que, pour avoir été trop largement distribuée, cette distinction, jadis fort élevée, est tombée en discrédit : « Puisque ces loyers d'honneur n'ont d'autre estimation que le fait que peu de gens en jouissent, il n'est pour les anéantir que d'en faire largesse (...), et je dis que même si plus de gens qu'autrefois s'en trouvaient dignes, il ne fallait pas pour autant s'en rendre plus libéral... [1] » « Disons de moi-même : je demandais à la fortune autrefois, autant qu'autre chose, l'ordre de saint-Michel car c'était alors l'extrême marque d'honneur de la noblesse française, et très rare. Elle me l'a plaisamment accordé : au lieu de me monter et de me hausser de ma place pour y atteindre, elle m'a bien plus gracieusement traité, elle l'a rabaissé jusqu'à mes épaules... [2] »

1. *Livre II, chapitre 7.*
2. *Livre II, chapitre 12.*

C'est sans doute quelques années après avoir reçu la qualité de chevalier de l'ordre de saint-Michel que Montaigne est promu par Charles IX à l'office très recherché de gentilhomme de la chambre du roi. On ne sait si cette charge lui fut offerte ou s'il l'a sollicitée, mais il est sûr qu'il en était honoré puisque, en tête de la première édition des *Essais* [1], il se présente à la fois comme chevalier de l'ordre de saint-Michel et gentilhomme de la chambre du roi.

Cette charge officielle était rémunérée et, si la fonction – qui se résumait à introduire les audiences dans les appartements du monarque – n'était guère prestigieuse, elle autorisait ses titulaires, pourvus d'une clef d'or attachée à la ceinture, à approcher constamment de la personne du roi.

Comment concilier honneurs, et office auprès du souverain avec les revendications d'indépendance ? Montaigne n'était-il pas courtisan et, comme tel, empressé à composer avec ses convictions et s'abandonner à la flatterie, lui qui n'a pas trouvé d'expression assez rude pour condamner les flatteurs ? « Le jugement d'un homme gagé et acheté, ou il est moins entier et moins libre, ou il est taché d'imprudence et d'ingratitude. Un pur courtisan ne peut avoir ni loi, ni volonté de dire et de penser autre que favorablement de son maître. La faveur corrompt sa franchise... [2] »

Montaigne ne nie pas que la faveur du

---

1. *Bordeaux (1580).*
2. *Livre II, chapitre 25.*

monarque soit utile : « Si je cherchais à m'enrichir j'eusse servi les rois, tactique plus fertile que toute autre [1] »; mais s'il estime de son devoir d'être dévoué au monarque : « Je regarde nos rois d'une affection simplement légitime et civile, comme obligation commune et naturelle [2] », il entend que son dévouement s'arrête à l'observation des lois : « Si je dois servir d'instrument de tromperie, que ce soit au moins sans être conscient; je ne veux pas être tenu pour un serviteur si loyal et si affectionné qu'on puisse m'imposer de trahir quiconque (...); les lois m'ont allégé la difficulté et m'ont donné un maître : toute autre supériorité doit être relative à la loi, et subordonnée... [3] »

On peut être à la Cour sans être courtisan. Montaigne séjourne à la Cour, y exerce emploi recherché mais dénonce les flatteurs : « Je hais à mort de sentir le flatteur; ce qui fait que je me borne naturellement à un parler sec, rond et cru qui peut me faire paraître dédaigneux à qui ne me connaît autrement. [4] »

C'est sans doute cette réputation d'indépendance d'esprit et de parole, autant que les qualités de désintéressement et les relations authentiques qu'il a su – sans jamais se renier – entretenir avec les principaux personnages de son époque, qui explique que

1. *Livre III, chapitre 9.*
2. *Livre III, chapitre 1.*
3. *Idem.*
4. *Livre Ier, chapitre 39.*

souvent « il a entretenu l'oreille des grands d'affaires de poids [1] » et qu'il a été retenu à différentes reprises pour s'entremettre en difficiles négociations.

Diplomate ? Montaigne accepte d'être négociateur sous réserve que chacun connaisse ce qu'il est et ne l'imagine pas occupé à feindre : « En ce peu que j'ai eu à négocier avec nos princes, j'ai curieusement évité qu'ils se méprennent sur mon compte... Ma liberté m'a aussi aisément déchargé du soupçon de feintise, n'épargnant rien à dire pour cuisant que ce fût (...). Je ne dis rien à l'un que je ne puisse dire à l'autre (...). Il n'y a point d'utilité pour laquelle je me permette de mentir. Ce qui est confié à ma discrétion, je le cèle religieusement (...) mais m'efforce d'avoir à céler le moins possible car je vois que chacun se mutine si on lui cache le fond des affaires. [2] »

C'est parce qu'on le connaissait discret, loyal, incapable de mentir comme de trahir un secret que les princes des partis opposés lui demandaient volontiers de s'entremettre. Montaigne parle peu de ses actions de négociations, comme s'il craignait de compromettre ses engagements de discrétion. On sait qu'il s'est entremis entre la reine Catherine et les Guise, entre les Guise et Henri de Navarre, entre Henri III et Henri de Navarre, souvent pendant qu'il était maire de Bordeaux entre Henri de Navarre et le maréchal de Matignon représentant le roi de

1. *Livre III, chapitre 13.*
2. *Livre III, chapitre 1.*

France en Guyenne, et à plusieurs reprises entre les responsables huguenots et les chefs du parti catholique.

Des témoignages, des correspondances, quelques archives publiques témoignent de cette activité, mais Montaigne, sauf par allusions, n'en rend pas compte dans les *Essais*. C'est pourtant lui qui, écrivant à Henri IV, lequel le sollicite pour une mission le 2 octobre 1590, résume les services rendus aux rois Charles IX et Henri III ses prédécesseurs : « Je n'ai reçu nul paiement des pas que j'ai employés à leur service, dont Votre Majesté a eu en partie connaissance; et ce que j'ai fait pour ses prédécesseurs, je le ferai encore beaucoup plus volontiers pour elle. »

Ce n'est pas là le langage d'un courtisan prompt à déférer aux désirs du monarque, ni celui d'un partisan anxieux de sacrifier à ses convictions, ni celui d'un grand serviteur en attente d'un emploi... C'est le langage d'un gentilhomme d'Aquitaine, dévoué au service du bien commun, mais assurément déterminé à conserver « une âme libre, accoutumée à se conduire à sa mode ».

Livre IV

« Tout le monde se reconnaît
en mon livre et mon livre en moi. »

(Livre III, chapitre 2)

Chapitre 11

« Ce sont mes gestes que j'écris... »

(Journal de Voyage)

« C'est ici un livre de bonne foi, lecteur. Il t'avertit dès son introduction que je ne m'y suis proposé aucune autre finalité que d'ordre domestique et privé. Je n'ai eu aucun souci de ton service, ni de ma gloire. Mes forces ne sont pas capables d'entretenir un tel dessein (...). Je veux qu'on m'y voie comme je suis (..), car c'est moi que je peins (...). Si j'avais vécu dans l'un de ces pays que l'on dit vivre encore sous la douce liberté des lois de la nature, je t'assure que j'y serais très volontiers peint tout entier, et tout nu. Ainsi, lecteur, je suis moi-même la matière de mon Livre. [1] »

Dès l'abord les intentions sont claires, et le lecteur en est prévenu : Montaigne est lui-même la

---

1. *Les* Essais. *Avertissement au lecteur (édition de 1580).*

matière de son livre. Mais ce projet – souvent dénoncé – qu'il eut de se peindre, n'est pas souci de contemplation exclusive de lui-même; Montaigne n'est pas Narcisse [1] ! Il se peint sans complaisance et, s'il se choisit comme la matière de son étude, c'est qu'il a éprouvé combien était difficile une enquête sur les hommes – comme l'atteste le premier chapitre des *Essais*. Montaigne s'étonne de comportements contradictoires et imprévisibles qui témoignent comment par moyens divers on peut arriver à pareille fin. Trois anecdotes qu'il nous propose méritent ici d'être rapportées...

« Édouard, prince de Galles, qui gouverna si longtemps notre Guyenne (...), ayant été fort offensé par les Limousins et prenant leur ville par force [2] ne put être arrêté par les supplications du peuple et des femmes et des enfants lui demandant grâce (...) jusqu'à ce qu'il aperçût trois gentilshommes français d'une hardiesse incroyable qui combattaient encore seuls contre toute son armée. La considération et le respect d'un si grand courage émoussa sa colère au point qu'il se décida à faire miséricorde à tous les habitants de la ville... [3] »

---

1. *Selon la légende empruntée à la mythologie grecque, Narcisse était un jeune homme devenu amoureux de sa propre beauté : il mourut de langueur en admirant son visage dans l'eau d'une fontaine.*
2. *Siège de Limoges par le Prince Noir en 1370.*
3. *Livre Ier, chapitre 1.*

« L'empereur Conrad III [1] ayant assiégié le duc de Bavière ne voulut condescendre à de plus douces conditions (...) que de permettre aux gentilsfemmes [2] assiégées avec le duc de sortir (...) à pied avec ce qu'elles pourraient emporter sur elles. Elles, d'un cœur magnanime, s'avisèrent de charger sur leur épaules leurs maris, leurs enfants, et le duc même. L'Empereur prit si grand plaisir à voir la noblesse de leur courage, qu'il en pleura d'aise (...), et dès lors traita humainement le duc et les siens. [3] »

Peut-on de ces premiers exemples tirer un enseignement sur les comportements des hommes ? Non, et le procédé est éclairant sur la méthode de Montaigne, « fagotage de tant de diverses pièces », car, « et directement contre mes premiers exemples », Montaigne évoque le comportement d'Alexandre [4] qui faisait volontiers grâce aux vaincus et qui, en une occasion, s'irrita du courage d'un adversaire au point de le traiter avec une grande cruauté. Alors ? Montaigne constate : « C'est un sujet merveilleusement vain, divers et ondoyant, que l'homme. Il est malaisé d'y fonder jugement constant et uniforme. [5] »

---

1. *Conrad III de Hohenstaufen, empereur germanique (1093-1152).*
2. *Féminin de gentilshommes.*
3. *Livre Ier, chapitre 1.*
4. *Alexandre le Grand (356-323 av. J.-C.).*
5. *Livre Ier, chapitre 1.*

La curiosité de soi est donc inséparable de la curiosité de l'homme, qui est « vain » c'est-à-dire insaisissable, et le peindre est « une façon de peindre le cœur humain. [1] » En se peignant, en s'examinant sans relâche, en exposant ses propres contradictions qui sont liées aux évolutions de ses opinions, de ses expériences, Montaigne recherche la compréhension des hommes, de leurs contradictions et de l'inconstance de leurs perceptions, de leurs opinions, de leurs sentiments, car aussi « chaque homme porte la forme entière de l'humaine condition [2] ».

Conscient de l'ambiguïté de sa démarche et des reproches qu'il peut encourir de vanité ou présomption de la part de son lecteur, Montaigne, en plusieurs occasions, s'est attaché à exposer les raisons de son projet, et à justifier la méthode qu'il a choisie : « Je ne puis fixer l'objet de mon étude [c'est-à-dire lui-même], car il va trouble et chancelant, d'une ivresse naturelle. Je le prends en ce point, comme il est (...). Je ne peins pas l'être. Je peins le passage : non un passage d'un âge en un autre (...) mais de jour en jour, de minute en minute. Il faut accommoder mon histoire à l'instant. Je pourrais tout à l'heure changer non de fortune ou de sort seulement, mais aussi d'intention. C'est [mon livre] l'examen d'événements divers et de pensées indécises, voire même contradictoires (...). C'est au point que je me contredis mais que je ne contredis pas la vérité. Si mon âme pouvait se fixer je ne chercherais pas à

1. *Selon l'expression de Stendhal.*
2. *Livre III, chapitre 2.*

faire l'expérience moi-même; mais elle est toujours en apprentissage ou en épreuve (...). Chaque homme porte la forme entière de l'humaine condition (...). Si le monde se plaint de ce que je parle trop de moi, je me plains de ce que les hommes ne prennent pas le temps de réfléchir sur eux-mêmes (...). Ici nous allons conformément et d'une même allure, mon livre et moi. »

Dans un étonnant chapitre intitulé *De la présomption* [1], Montaigne, après avoir énuméré le peu de qualités qu'il se reconnaît, explique l'utilité de ne parler que de lui : « Le monde regarde toujours en face de soi; moi je replie ma vue au-dedans, je la plante, je l'occupe là. Chacun regarde devant soi, moi je regarde dedans moi : je n'ai affaire qu'à moi, je me considère. Sans cesse, je m'examine, je me goûte. Les autres vont toujours ailleurs, si on y réfléchit; ils vont toujours avant; *nemo in sense tentat descedere* [2], moi je me roule en moi-même. [3] »

Ainsi Montaigne s'affirme-t-il « affamé de se faire connaître, peu importe à quel prix, pourvu que ce soit véritablement [4] » mais en même temps disponible pour toute curiosité, car pour connaître l'homme il faut accepter de le rencontrer : en s'examinant soi-même, en appréhendant les récits qu'ont

1. *Livre II, chapitre 17.*
2. *« Nul d'entre nous n'essaie de descendre en soi-même. »*
3. *Livre II, chapitre 17.*
4. *Livre III, chapitre 5.*

fait les bons auteurs, en acceptant les mœurs étrangères, « chaque usage a sa raison [1] », en ne qualifiant pas de barbares les mœurs qui ne sont pas les nôtres, et en voyageant, en acceptant toutes différences. Ne dit-on pas « qu'un honnête homme c'est un homme qui sait se mêler aux autres et adopter les coutumes qui appartiennent à d'autres [2] » ?

Cependant ce n'est pas seulement par rapport aux autres, même si toutes réflexions sur les différences sont enrichissantes, qu'il est possible de répondre à la question : « Qui suis-je ? » C'est aussi en s'interrogeant sur soi, sans complaisance et sans pudeur, qu'il s'agisse de son apparence physique, de son corps – dont Montaigne ne s'avoue pas pleinement satisfait mais dont il se contente parce qu'« il sait son prix » – de ses habitudes intimes, de sa nonchalance ou de son manque de mémoire – dont il se plaint souvent – de la façon dont se forment ses opinions...

« Je suis d'une taille un peu au-dessous de la moyenne, défaut qui n'a pas seulement de la laideur mais de l'incommodité pour ceux qui ont des commandements et des responsabilités : car l'autorité que donnent une belle prestance et une majesté corporelle n'est pas à démontrer (...); au demeurant j'ai la taille forte et ramassée, le visage non pas gras mais plein, (...) *unde rigent setis mihi cura et pectora villis* [3](...); la santé forte et allègre, jusques bien avant dans la vie, et rarement troublée par les mala-

1. *Livre III, chapitre 9.*
2. *Idem.*
3. *« Les jambes et la poitrine hérissées de poils ».*

dies (...). Tous mes sens fonctionnent convenablement, mon estomac est bon, comme est ma tête (...) et aussi mon haleine. [1] »

« D'adresse et de disposition je n'en ai point eu, malgré que je sois le fils d'un père qui était fort habile et disponible jusqu'à son extrême vieillesse. Il n'y avait guère d'homme de sa condition qui puisse lui être comparé dans les exercices du corps : comme je n'en ai pas trouvé qui ne me surmontât. [2] »

Montaigne poursuit en évoquant son absence totale de dispositions pour la musique : personne n'a rien pu lui apprendre, il chante faux et ne joue d'aucun instrument. Il pratique, avec « légère et vulgaire suffisance » la danse, la paume, la lutte, et ne sait ni nager, ni sauter, ni manier l'épée. Quant à son adresse manuelle elle est nulle tant ses mains sont « gourdes » au point qu'il écrive « en barbouillant », ne sache pas tailler une plume, ni trancher les viandes à table, ni même harnacher un cheval... Par ailleurs, il confesse un grand besoin de sommeil, « le dormir a occupé une grande partie de ma vie ». Il a besoin de huit à neuf heures de sommeil consécutives mais, s'il est volontiers paresseux, il se reconnaît une bonne endurance dont d'ailleurs il témoignera au cours de très nombreux voyages... Enfin s'il se prête le travers « de manger goulûment [3] », il s'avoue modéré sur le chapitre des boissons car sa « constitution est de ne faire cas de boire que pour la suite du manger [4] »... Lorsque à partir de quarante-cinq ans il

1. *Livre III, chapitre 13.*
2. *Livre II, chapitre 17.*
3. *Livre III, chapitre 13.*
4. *Livre II, chapitre 2.*

ressent les premières atteintes de la maladie de la pierre [1], il ne nous épargne aucune de ses pénibles aventures physiologiques et nous fait part des détails les plus crus !... Et puisque après tout, « Les rois et les philosophes fientent, et les dames aussi [2] », le lecteur est informé des horaires et conditions dans lesquelles Montaigne s'abandonne à ce besoin.

En donnant son corps ainsi à connaître, Montaigne ne se livre pas comme un exhibitionniste, il exprime sa conviction essentielle que « le corps a une grande part à notre être et y tient un grand rang (...). Ceux qui veulent dépendre nos deux pièces principales [3] et les séquestrer l'une de l'autre, ils ont tort. Au contraire il faut les assembler et les réunir. Il faut ordonner à l'âme (...) de se rallier au corps, de l'embrasser, le chérir, l'assister (...) l'épouser en somme. [4] »

Au fond, et c'est courageux au milieu du XVIe siècle, Montaigne s'affirme contre le mépris chrétien du corps – siège de toutes tentations – et, écartant la dissociation idéaliste de l'âme et de ce corps, il affirme l'unité de la personne : il souligne fortement « l'étroite couture du corps et de l'esprit s'entre-communiquant ce qui leur arrive ». Il est à la

---

1. *La gravelle. On dit aujourd'hui coliques néphrétiques.*
2. *Livre III, chapitre 13.*
3. *Séparer l'âme du corps.*
4. *Livre II, chapitre 17.*

fois très attentif à la vie du corps et à la force d'entraînement de ses appétits : « C'est bien raison que le corps ne suive point ses appétits au dommage de l'esprit. [1] » Et très attentif à la puissance de l'âme capable d'imposer au corps ses secrets désirs ou ses terreurs, au risque de manifestations somatiques : « N'est-ce pas aussi raison que l'esprit ne suive point ses appétits au dommage du corps ? [2] »

Ainsi Montaigne, qui connaît son corps et l'accepte, affirme qu'il est, que l'humaine condition est un tout, corps et âme, telle que l'a voulue Dieu, telle que nous l'indique Nature : « Pour moi donc, j'aime la vie et la cultive telle qu'il a plu à Dieu nous l'octroyer. Je ne vais pas renier le boire et le manger (ni l'ensemble des besoins naturels), ni souhaiter qu'on produise stupidement les enfants par les doigts ou les talons, ni que le corps fût sans désir et sans agrément (...). J'accepte de bon cœur, et avec reconnaissance ce que Nature a fait pour moi. On fait tort à Dieu de refuser son don, l'annuler et le défigurer. Tout bon, il a fait tout bon : *Omnia quoe secundum naturam sunt, aestimatione digna sunt.* [3] »

« Nature est un doux guide, mais non pas plus doux que prudent et juste. Il faut entrer dans la nature des choses et voir exactement ce qu'elle exige (...). N'est-ce pas erreur d'estimer que certaines

1. *Livre III, chapitre 5.*
2. *Idem.*
3. *« Tout ce qui est selon la nature est digne d'estime » (Cicéron).*

nécessaires ? (...) Que l'esprit éveille et vivifie le corps, que le corps arrête la légèreté de l'esprit et la fixe.[1] »

Et puis comment négliger de s'intéresser à tous les aspects de l'humaine condition, comment isoler et magnifier l'âme, l'esprit, le jugement lorsque, pour s'être observé avec attention, mais sans excessive complaisance, on a pris conscience de la fragilité et de l'instabilité de notre jugement ? Chacun d'entre nous sûrement, lisant cette très belle page, y retrouvera l'écho ou le souvenir d'expériences personnelles :

« Moi qui m'épie de plus près, qui ai les yeux incessamment tendus vers moi (...), à peine oserai-je dire la vanité et la faiblesse que je trouve chez moi (...). Si ma santé me sourit et que j'apprécie une belle journée, me voilà honnête homme; si j'ai un cor qui me presse l'orteil me voilà renfrogné, déplaisant et inaccessible (...); ou l'humeur mélancolique me tient, ou la colérique, et sans que j'y puisse grand-chose le chagrin prédomine en moi à une heure, et à une autre heure l'allégresse. Une fois je trouve en des livres des choses excellentes et qui m'auront frappé; une autre fois je retrouve les mêmes livres et n'y retrouve plus rien (...). Chacun à peu près en dirait autant de soi, s'il se regardait comme moi. Les prêcheurs savent que l'émotion qui leur vient en parlant entraîne la conviction, et qu'en colère nous nous consacrons plus à la défense de notre proposition, et

1. *Livre III, chapitre 13.*

l'embrassons avec plus de véhémence et d'approbation que nous ne faisons en étant l'esprit froid (...). Quelles différences de sens et raison, quelle contrariété d'imaginations nous présente la diversité de nos passions (...). Par la dislocation que les passions apportent à notre raison, nous devenons vertueux. [1] »

Ainsi Montaigne nous invite-t-il à partager sa démarche (« Chacun à peu près en dirait autant de soi s'il se regardait comme moi ») : c'est-à-dire sinon à nous peindre, au moins à observer et comprendre l'intimité de notre individualité... Sans négliger d'éclairer l'observation de nos réactions personnelles à la lumière de ce que d'autres dans le passé ont observé, dit ou fait, d'où l'importance de la compilation et de la méditation historiques, à la lumière également de ce que d'autres à son époque vivent et transmettent, avec d'autres usages et d'autres coutumes. C'est pourquoi il souligne la vanité de toutes les exclusions, la nécessité au contraire de toutes les curiosités, car il ne saurait y avoir de fin en nos inquisitions...

1. *Livre II, chapitre 12.*

Chapitre 12

« Il n'y a point de fin en nos inquisitions. »

(Livre II, Chapitre 13)

« Je ne puis assurer mon objet. Il va trouble et chancelant, d'une ivresse naturelle. Je le prends en ce point comme il est, en l'instant que je m'occupe de lui. Je ne peins pas l'être. Je peins le passage (...). Si mon âme pouvait prendre pied, je n'essaierais point, je me résoudrais, elle est toujours en apprentissage et épreuve... [1] »

Essayer, pour Montaigne, c'est expérimenter, mettre à l'épreuve. Comment figer une opinion, arrêter de façon définitive une réflexion, alors que nous sommes avertis de cette « continuelle variation des choses humaines [2] » et que l'on sait pouvoir arriver par

1. *Livre III, chapitre 2.*
2. *Livre Ier, chapitre 1.*

« divers moyens à pareille fin »[1] ? La démarche est claire, une fois acceptée par le lecteur : Montaigne met à l'épreuve son jugement, « essaye » une pensée, soupèse une expérience, et puis une autre, évalue une sensation, un sentiment. Vagabond inlassable, il ne cesse d'aller et venir au milieu de toutes pensées et opinions, attentif à éclairer sa connaissance – et la nôtre – en se défiant de tout système de pensée, contrainte insupportable.

C'est ainsi que les *Essais* sont « fagotage de tant de diverses pièces », tellement Montaigne se défie des systèmes philosophiques qui se contredisent et de ses opinions, dont il se flatte de changer : « En mes écrits même, je ne retrouve pas l'air toujours de ma première imagination : je ne sais ce que j'ai voulu dire et m'échaude souvent à corriger et y mettre un nouveau sens, pour avoir perdu le premier, qui valait mieux. Je ne fais qu'aller et venir : mon jugement ne tire pas toujours en avant; il flotte, il vague. Maintes fois (comme il m'advient de faire volontiers) ayant pris pour exercice et pour ébat à maintenir une opinion contraire à la mienne, mon esprit, s'appliquant et tournant de ce côté-là, m'y attache si bien que je ne trouve plus la raison de mon premier avis, et l'abandonne.[2] »

---

1. *Le titre du premier chapitre du Livre Ier des* Essais *est exactement « Par divers moyens, on arrive à pareille fin »; le titre du dernier chapitre des* Essais *(Livre III, chapitre 13) est « De l'Expérience ».*

2. *Livre II, chapitre 12.*

Méfiant à l'égard de ses opinions, dont il a appris à « se départir », Montaigne ne croit pas que « la science loge en elle le souverain bien [1] », ni qu'elle soit la mère de toute vertu, ni qu'elle puisse nous rendre heureux et sages ; il ne croit pas davantage aux philosophes, même s'il trouve belles certaines de leurs imaginations, et s'il considère leur participation à la connaissance de la vérité. Il n'est pas surprenant que les philosophes se contredisent comme les autres mortels, puisque chacun prétend de façon présomptueuse s'arrêter à sa première opinion, et s'y installer, plutôt que de poursuivre avec humilité sa recherche : « La présomption est notre maladie naturelle et originelle [2] », présomption folle si l'on sait combien nos opinions sont instables, et mensongères nos perceptions qui nous entraînent à nous arrêter aux apparences, « prenant ce qui apparaît pour ce qui est, faute de bien savoir ce qui est [3] ».

Mais qu'est-ce qui est, lorsque tout paraît instable ? Montaigne s'interroge, et nous invite à nous interroger, démarche essentielle et d'une incomparable jeunesse en notre XXe siècle finissant, où tant de nomenklaturas rêvent de nous asservir, définitivement contraints par des certitudes technocratiques, et résignés à adopter, pour nous en contenter, l'un ou l'autre des systèmes prêt-à-penser diffusés aux étals de la société médiatisée. Interrogation nécessaire :

---

1. *Livre II, chapitre 12.*
2. *Idem.*
3. *Idem.*

« Mais qu'est-ce qui est donc véritablement ? Ce qui est éternel, c'est-à-dire qui n'a jamais eu de naissance, à qui le temps n'apporte jamais aucune mutation. Car c'est chose mobile que le temps, et qui apparaît comme en ombre, avec la matière coulante et fluide... »

Après avoir, sans doute sous l'influence de La Boétie, paru séduit par le stoïcisme, Montaigne s'installe dans le doute. La vie des hommes offre une telle variété de comportements, les ressources de la nature sont si diverses, l'enseignement des auteurs et les aventures des historiens si multiples et contradictoires qu'il semble impossible d'énoncer une seule vérité stable. Y a-t-il une raison qui n'en ait une contraire ? Comment se prononcer au milieu de tant de contradictions ? Et pourquoi s'engager ? C'est parce qu'il considère, un temps, qu'il est impossible de pencher vers une opinion ou vers une autre que Montaigne fait frapper à ses armes une médaille qui porte sur une face une balance soulignée d'une devise : « Je m'abstiens. » Puisqu'il apparaît impossible de déterminer durablement une attitude face à la vie, il lui semble honnête de ne pas prendre position, de ne pas « s'engager ». La seule position acceptable n'est-elle pas de rester à l'écart, à l'écart aussi bien des querelles philosophiques et théologiques que des bruits du monde et des passions politiques, indulgent et sceptique devant les agitations de son temps ? La tentation est forte : et si tout n'était qu'apparence vide ?

Ce n'est pourtant pas parce qu'il admet que l'homme, quels que soient ses efforts pour accumuler des connaissances et des expériences, est incapable par nature d'atteindre la vérité absolue – « Nous n'avons pas accès à l'être [1] » – qu'il convient de se résigner. Certes il n'y a pas de connaissance absolue, pas plus qu'il n'y a de valeur absolue, universelle, mais sans doute le principal enseignement que fournissent expériences et connaissances est-il qu'il convient sans relâche d'apprendre à vivre mieux, et accepter nos conditions de vie plutôt qu'à rêver d'autres conditions. Montaigne « veut bien faire l'homme ».

Le merveilleux de Montaigne c'est qu'il accepte, sur le point d'une conversion définitive au doute universel, que sa pensée ne soit que provisoire et fertile en contradictions, donc méritant d'être remise en cause. Certes les lois humaines, les actions des hommes et les faits de nature, comme les opinions et coutumes sont incohérentes, et on pourrait craindre de n'en saisir que les apparences, mais ce qui change, est-ce la nature même des hommes ou leur saisie des choses, leur façon de les percevoir ? Montaigne finalement convient que l'on ne change pas réellement : « On n'extirpe pas ces qualités originelles, on les couvre, on les cache (...). Si je ne suis pas chez moi, j'en suis toujours bien près. [2] »

---

1. *Livre II, chapitre 12.*
2. *Livre III, chapitre 2.*

Alors il convient de prendre son parti de la mobilité, ne pas s'écarter du monde mais de trouver dans « le branle incessant » l'argument d'un doute fécond, d'une recherche sans fin, qui est, en elle-même, source de sagesse, et occasion de connaissance. Si la sottise l'irrite, comme lui répugne la prétention des clercs et des doctes : « On me fait haïr les choses vraisemblables quand on me les présente comme infaillibles [1] », c'est parce qu'il a accepté l'incertitude comme une composante de la nature qu'il convient d'accepter, et de pondérer par les leçons de l'expérience. C'est pour cela qu'il ne saurait y avoir de fin en nos inquisitions, que notre occupation essentielle doit être la « chasse de connaissance », sans doute en elle-même plus importante que ne l'est l'établissement de la vérité : « Il n'est désir plus naturel que le désir de connaissance [2] » ; et s'il est utile de travailler c'est « non pour établir la vérité, mais pour la chercher [3] ». Cette recherche ne saurait finir « tant qu'il y aura d'encre et de papier au monde [4] », parce que la nature de l'homme l'entraîne à découvrir, et que « c'est un signe de raccourcissement d'esprit quand il ne va plus loin (...), parce que nul esprit généreux ne s'arrête (...) ses poursuites sont sans terme, et sans forme [5] ».

---

1. *Livre III, chapitre 8.*
2. *Livre III, chapitre 13.*
3. *Livre II, chapitre 10.*
4. *Livre III, chapitre 9.*
5. *Livre III, chapitre 13.*

Sans doute cette volonté de ne pas fixer la réflexion explique-t-elle l'aspect désordonné des *Essais*, et la difficulté pour le lecteur d'y entrer pour un long séjour, avec l'idée d'une lecture continue, comme pour un livre habituel. Cela explique aussi le charme prenant de l'ouvrage, et le plaisir méditatif que savourent les lecteurs ayant accepté que les *Essais* ne soient pas un livre comme les autres, relevant d'une lecture ordinaire.

C'est que précisément ce livre n'est pas habituel, et probablement même est unique : on n'y distingue pas d'ordre apparent, et son édition la plus complète [1], qui présente les différents ajouts, suppressions, corrections de Montaigne au fil des éditions de son ouvrage (1580, 1588, 1595), permet de comprendre la démarche vagabonde si séduisante, et si proche : Montaigne nous introduit dans son dialogue avec lui-même et avec les autres, et nous permet de saisir comment s'élabore et évolue le jugement lorsque la réflexion est libre.

Véritablement Montaigne « essaye » : il essaye une opinion, l'évaluant à divers points de vue jusqu'à ébaucher une pensée, qu'il se réserve de modifier par la suite; il s'essaye lui-même, observant sa vie à travers les expériences diverses de ses attitudes, sensations et sentiments. Parce que ses attitudes, sensa-

1. Œuvres complètes, *la Pléiade, Gallimard, 1962.*

tions et sentiments évoluent au regard de ce qu'il connaît et sous l'influence de ses humeurs, la réflexion n'est pas droite et logiquement ordonnée comme dans l'espace clos d'un système prosélyte, ou d'un rapport administratif : elle est sinueuse, comme vagabonde, enrichie sans cesse d'une expérience nouvelle, d'une référence, voire d'un caprice... Elle est à l'image de la vie, un peu désordonnée, faite de curiosités vite écartées ou d'engouements plus durables, de convictions et d'incertitudes, de passions aussi et de désillusions, comme si les expériences vécues, le contact de l'opinion des autres « lui servaient non tant d'instruction que d'exercitation », mélange séduisant d'exercice et d'excitation à penser.

Il arrive au lecteur que certaines références – parfois longues au point de paraître pesantes – irritent ou égarent, d'être tenté par l'impatience et le désir de faire l'économie d'un détour pour parvenir plus vite au but, un peu comme on souhaite écarter les attendus d'un rapport pour en venir à la conclusion. Mais Montaigne n'a pas rédigé un traité qu'il propose à l'étude et expose comme règle de conduite, ou aide à la décision. Il nous propose des *Essais*, il nous convie à partager une démarche finalement si proche de la vie qu'aucun ornement n'y est superflu. Il est bon, partageant sa démarche, que notre pensée se perde en cette aventure, et chaque rêve est profitable si l'on en suit les détours. Montaigne, en se cherchant, cherche surtout l'homme en lui, et c'est cette recherche à laquelle nous associent les *Essais*, recherche qui ne saurait s'interrompre : « Nos opinions s'entendent les unes après les autres : la première sert de tige à la seconde, la seconde à la troisième et nous progressons ainsi par degrés, et il advient que le plus haut monté a souvent plus d'honneur que de mérite car il n'est monté que de peu sur les épaules du précédent. [1] »

Cette recherche qui n'a point de fin trouve sa récompense dans l'apprentissage à mieux vivre : « C'est une absolue perfection et comme divine, de jouir loyalement de son être »; elle invite à la raison et à la simplicité : « Nous avons beau monter sur des échasses, nous marchons encore sur nos jambes, et assis sur le trône le plus élevé du monde nous sommes cependant assis sur notre cul. [2] »

Cette recherche permet enfin, alors que tout le monde s'agite autour de soi, de se recueillir, d'être capable de méditation même lorsqu'il convient de combattre, de n'être inféodé à aucun système, et s'il s'agit de s'engager dans la vie de la cité, de le faire en s'élevant au-dessus des querelles intestines.

---

1. *Livre III, chapitre 13.*
2. *Idem.*

Chapitre 13

« Bien faire l'homme. »

(Livre III, chapitre 13)

« On me fait haïr les choses vraisemblables, quand on me les plante pour infaillibles... » Clairement Montaigne affirme sa défiance de toutes certitudes telles que les enseignent les experts, qu'ils soient médecins, théologiens, commis d'administration ou docteurs de la loi. Ce qu'il souhaite et propose, c'est que chacun découvre lui-même le bon chemin en lisant les livres, certes, mais aussi en restant à l'écoute du monde, en regardant autour de soi comment respire la nature et comment vivent les gens, fussent-ils d'autres mœurs et coutumes. Lorsqu'il suggère qu'il faut « frotter et limer notre cervelle contre celle d'autrui », il exprime la vérité d'évidence que c'est de la confrontation des différences que, peut-être, jaillira la lumière, ce qui bien sûr implique qu'il ne faut ni rejeter les autres – à plusieurs reprises il s'élève contre toutes les formes d'exclusions – ni « abdiquer » ses propres sentiments.

C'est cette nécessaire disponibilité qui l'entraîne à préférer l'héroïsme du quotidien à la vanité et à l'éclat des actions spectaculaires : « Gagner une brèche, conduire une ambassade, régir un peuple, ce sont actions éclatantes. Converser avec les siens et avec soi-même, doctement et justement, ne relâcher point, ne se démentir point, c'est chose plus rare et moins remarquable. » Ainsi la vertu n'est pas une morale mais une disposition courageuse, elle n'est pas l'ennemie de la volupté, elle est l'ennemie de la faiblesse. Parce qu'il considère que « sa concupiscence est moins débauchée que sa raison (...), laquelle n'est qu'un outil vagabond, dangereux et téméraire [1] », il exprime sa défiance envers prêcheurs de tous bords, tartufes puritains qui, « pour n'avoir pas hanté cette vertu suprême belle, triomphante, amoureuse, délicieuse pareillement et courageuse, est ennemie irréconciliable de l'aigreur, du déplaisir, de la crainte et de la contrainte ».

Molière au siècle suivant exposera pareillement le ridicule des moralistes, des précieux, des faux dévots puritains. La bienveillance de Montaigne, son humanisme impénitent sont nourris de l'observation et de la fréquentation du monde qui obligent à élargir nos opinions étriquées, à faire exploser nos menus intérêts et égoïsmes : « Il se tire une merveilleuse clarté, pour le jugement humain, de la fréquentation du monde. Nous sommes contraints et repliés sur

---

1. *Livre II, chapitre 12.*

nous-mêmes, et avons la vue raccourcie à la longueur de notre nez. On demandait à Socrate d'où il était. Il ne répondait pas : « d'Athènes » mais : « du monde ». Lui, qui avait son imagination plus pleine et plus étendue, embrassait l'univers comme sa ville, jetait ses connaissances, sa société, et ses affections à tout le genre humain, non pas comme nous qui ne regardons que sous nous (...). Ce grand monde, que certains divisent en multiples catégories, c'est le miroir où il nous faut regarder pour nous connaître de bon biais (...). Tant d'humeurs, de sectes, de jugements, d'opinions, de lois et de coutumes nous apprennent à juger sainement des nôtres et apprennent notre jugement à reconnaître son imperfection et sa naturelle faiblesse, ce qui n'est pas un mince apprentissage. Tant de remuements d'états et de changements de fortune nous instruisent à ne pas faire grand miracle de la nôtre. [1] »

Mais le monde, tel que l'observe Montaigne, est fort éloigné du monde imaginé par Rabelais dans l'utopie généreuse de Thélème, où se rencontre une humanité harmonieuse, ignorante des divisions fondées sur les sectes, les religions ou les intérêts politiques... Le monde qu'observe douloureusement Montaigne c'est la France divisée, en proie aux factions, écartelée entre des passions religieuses d'apparence inconciliable, disponible aux convoitises espagnoles ou anglaises... Le monde de la fin du XVIe siècle va « trouble et chancelant d'une ivresse

1. *Livre Ier, chapitre 26.*

naturelle [1] ». Alors, peut-être, vouloir y trouver l'homme n'est qu'une entreprise vaine. Montaigne le reconnaît, qui avoue ne pas prétendre « peindre l'être, je peins le passage ».

Puisque « nous sommes tous des lopins, ou d'une contexture si informe et si diverse que chaque pièce fait son jeu [2] », se connaître ne saurait se résumer à recenser les pièces dont la somme nous constitue. La connaissance de soi n'est possible que par le mouvement, car « seul le mouvement nous découvre » : « Nous voyons bien que le doigt se meut et que le pied se meut et que certaines parties se branlent d'elles-mêmes sans notre accord, et que d'autres nous les agitons à notre convenance; que certaine appréhension engendre la rougeur, certaine autre la pâleur; telle imagination agit en la rate seulement, telle autre au cerveau; l'une nous entraîne à rire, l'autre à pleurer, telle autre étonne tous nos sens et arrête le mouvement de nos membres (...). Mais comment est la nature de ces admirables ressorts, jamais l'homme ne l'a su. [3] » Comme si la raison, « instrument de plomb et de cire, accommodable à toutes mesures », était impuissante à éclairer l'homme sur lui-même, comme elle est impuissante à lui permettre le bonheur, la réflexion contribuant à redoubler nos maux par l'inquiétude de l'avenir et l'entretien des passions : « Inconstance, irrésolution, incertitude, deuil, superstition, sollicitude des choses

1. *Livre III, chapitre 2.*
2. *Livre II, chapitre 1.*
3. *Livre II, chapitre 12.*

à venir, voire après notre vie, ambition, avarice, jalousie, envie, appétits déréglés, forcenés et indomptables, guerre, mensonge, déloyauté, détraction et curiosité. [1] »

Comme la raison est incertaine, le langage est impuissant; les mots disent toujours trop, ou trop peu, et parfois il n'y a pas d'expression qui permette de rendre compte d'une expérience, ou d'un sentiment. Comment rendre compte de la diversité des émotions amoureuses, quelles expressions choisir pour parler de la gloire : « Il y a le nom et la chose; le nom, ce n'est pas une partie de la chose, c'est une pièce étrangère, jointe à la chose, et hors d'elle-même. [2] » Cette imprécision du langage, cette difficulté de lever toute ambiguïté sur la signification de ce qui est exprimé est source de tous les malentendus, bénins ou plus considérables : notre parler a ses faiblesses et ses défauts, comme tout le reste : « La plupart des occasions de troubles du monde sont grammairiens. Nos procès ne naissent que du débat de l'interprétation des lois; et la plupart des guerres de cette impuissance de n'avoir su clairement exprimer les conventions et les traités d'accord des princes. De même combien de querelles, et combien importantes, ont « produit au monde le doute concernant le sens de cette syllabe : *hoc* [3].

1. *Livre II, chapitre 12.*
2. *Livre Ier, chapitre 26.*
3. *Allusion aux débats entre catholiques et protestants sur le sens de la formule* « hoc est corpus meum », *c'est-à-dire sur la question de la transubstantiation.*

La querelle religieuse qui semble sans merci lui paraît sans réel fondement : pourquoi les catholiques s'obstinent-ils à vouloir comprendre les miracles, pourquoi les protestants s'entêtent-ils à voir la main de Dieu dans chaque événement alors que « notre foi a assez d'autres fondements sans l'autoriser par les événements [1] » ? Montaigne, qui se déclare volontiers « fidèle à l'Église catholique apostolique et romaine en laquelle il est né et en laquelle il meurt [2] », n'approuve pas la contestation protestante, bien qu'il admette qu'aient été dénoncés les excès de l'Église de Rome... mais il accepte d'avoir pour amis des protestants notoires, et même le plus illustre d'entre eux, Henri de Navarre. Il incline naturellement vers le parti qui maintient la religion et la police anciennes du pays, « et les gens de bien qui le suivent, à l'exception de ceux qui s'en servent de trétexte pour exercer leurs vengeances particulières, ou fournir à leur avarice, ou suivre la faveur des princes [3] ».

L'idéal de vie de Montaigne est de modération : « Les plus belles vies sont à mon gré celles qui se rangent au modèle commun et humain, par ordre, mais sans miracle et sans extravagance. [4] » C'est l'établissement d'une « honnête moyenne, résolue et

1. *Livre Ier, chapitre 32.*
2. *Livre II, chapitre 13.*
3. *Livre II, chapitre 19.*
4. *Livre III, chapitre 13.*

constante habitude [1] » à laquelle il aspire et invite : « Nous pouvons saisir la vertu de façon qu'elle deviendra vicieuse si nous l'embrassions d'un désir trop âpre et violent. Ceux qui disent qu'il n'y a jamais d'excès en la vertu, d'autant que ce n'est plus vertu si l'excès y est, se jouent des paroles (...). On peut, et trop aimer la vertu, et se porter excessivement en une action juste (...). Aussi ne soyons pas plus sage qu'il ne faut, mais sobrement sage. [2] »

Le principal ressort de cet idéal de vie, c'est la simplicité, dont il ne cesse de proclamer l'éloge. Sans doute y est-il formé par son éducation puisque depuis l'enfance il a été entraîné à fuir la suffisance, à écarter morgue et prétention : « Le bon père que Dieu me donna m'envoya dès le berceau nourrir à un pauvre village des siens et m'y tint autant que je pus en nourrice, et encore au-delà, me dressant à la plus basse et à la plus commune façon de vivre (...). Son dessein a été réalisé : je m'adonne volontiers aux petits... [3] »

De cette éducation, sans doute aussi par inclination naturelle, il a gardé amour et considération pour la vie paysanne, « la moins dédaignable condition des gens [4] », et souligne dans ses lectures les actions des grands personnages qui témoignent de leur simpli-

---

1. *Livre II, chapitre 29.*
2. *Livre Ier, chapitre 30.*
3. *Livre III, chapitre 13.*
4. *Livre II, chapitre 17.*

cité : « Épaminondas [1] dansait avec les garçons de la ville entre deux campagnes militaires », Socrate « tout vieil » se faisait encore instruire à jouer des instruments de musique, Scipion s'amusait volontiers à amasser et choisir des coquillages sur le bord de la mer et à « jouer à cornichon va devant »...

Rien n'égale naturelle simplicité. Vivre selon la nature c'est aussi s'engager dans la voie de la sagesse, qui exige respect et discernement de ce que réclame la nature, qui est la mère nourricière des plaisirs humains : « En les rendant justes, elle les rend sûrs et purs. En les modérant elle les tient en haleine et en goût. Retranchant ceux qu'elle nous refuse, elle nous aiguise envers ceux qu'elle nous laisse... [2] »

« Bien faire l'homme », vivre bien, c'est réaliser aussi pleinement que possible sa nature d'homme, parce que « la vie n'est de soi ni bien ni mal : c'est la place du bien et du mal selon que vous la leur faites ». Magnifique invitation à l'optimisme : ne subissons pas plaisirs et maux de l'existence lorsqu'il nous revient de nous en accommoder pleinement. Ainsi des plaisirs qui doivent être pris en pleine conscience, ainsi des maux dont il faut savoir détourner parfois son attention, ainsi de la mort qu'il

---

1. *Épaminondas (418-362 av. J.-C.) : général grec qui dut à sa valeur militaire et à l'habileté de ses alliances d'établir la supériorité de Thèbes sur la Grèce.*
2. *Livre Ier, chapitre 26.*

apprend lentement à aborder avec insouciance : « A quoi nous sert cette curiosité de nous préoccuper de tous les inconvénients de l'humaine nature (...), que sert-il de perdre le présent par la crainte du futur et d'être à cette heure misérable parce que tu dois l'être avec le temps ? [1] »

Pourtant longtemps la pensée du trépas l'a obsédé. « Il n'est rien, rapporte-t-il, de quoi je ne me sois plus entretenu que des imaginations de la mort. » Il ne cesse d'y penser, s'informant toujours avec le plus grand soin de la façon dont les hommes ont accueilli la mort, « quelle parole, quel visage, quelle contenance ils y ont eu [2] ». Le « mourir », en soi, paraît l'inquiéter davantage que la mort : « Si c'est un anéantissement de notre être c'est amendement d'entrer en longue et paisible nuit car nous ne sentons rien de plus doux en la vie qu'un repos et sommeil tranquilles et sans songes (...), si c'est transmigration d'une place en une autre, c'est amendement d'aller vivre avec tant de grands personnages trépassés. [3] »

Mais le mourir, le passage, si passage il y a, longtemps l'effraya, et avec une complaisance un peu morbide il s'est interrogé sur les différentes façons de décéder : « lent affaiblissement ou brusque suffocation, bruyante arquebusade ou coup d'épée tran-

---

1. *Livre III, chapitre 12.*
2. *Livre Ier, chapitre 20.*
3. *Livre III, chapitre 12.*

chant, brûlure ou noyade...[1] » Puisque, malgré ses réflexions, la mort reste incertaine, il conclut que le meilleur remède à ses craintes est de s'y préparer, jusqu'au point de la rendre familière : « Il est incertain où la mort nous attend, attendons-la partout. La préméditation de la mort est préméditation de la liberté. Qui a appris à mourir a désappris d'être servile, le savoir mourir nous affranchit de toute sujétion, et de toute contrainte. »

L'humanisme de Montaigne est école de liberté, la liberté publique qui doit définitivement écarter toute forme de servitude ou dépendance excessive, et puis l'autre, la liberté intérieure, patiente conquête qui se mérite par l'apprentissage résolu de la vertu, désirée pour elle-même, sans considération d'intérêt ni de réputation : « La vertu est chose bien vaine et frivole si elle tire sa justification de la gloire... triste vertu qui enseigne à ne se hasarder jamais si on n'est sûrs d'être vus et à vérifier qu'il y ait bien des témoins qui puissent rapporter nouvelles de l'exploit. Qui n'est homme de bien que parce qu'on le saura et parce qu'on l'estimera mieux après l'avoir su, qui ne veut bien faire qu'en condition que sa vertu vienne à la connaissance des hommes : celui-là n'est pas homme de qui on puisse tirer beaucoup de service (...). Ce n'est pas pour la montre que notre âme doit jouer son rôle c'est chez nous, au-dedans où nuls yeux ne donnent que les nôtres[2] », parce que « c'est

1. *Livre III, chapitre 9.*
2. *Livre II, chapitre 16.*

une vie exquise que celle qui se maintient en son ordre jusque dans son privé [1] ».

Cet idéal simple, poursuivi avec une grande confiance dans la nature, fonde l'optimisme de Montaigne, sa sérénité et sa gaieté. Pourquoi se tourmenter lorsqu'on a compris que « chacun peut vivre heureusement, c'est-à-dire naturellement [2] » dès lors qu'il situe son idéal dans les limites que comporte sa nature d'homme ?

Faut-il regretter cette précaution de n'accepter qu'un idéal qu'on puisse réaliser, ou se réjouir que soit écartée la vanité des morales héroïques qui invitent au sublime ? Montaigne admet que sans doute – mais en nombre très restreint – certains peuvent prétendre à l'héroïque et au sublime... pour aussitôt souligner le danger des visées sublimes pour les hommes ordinaires qu'on entraîne à mettre la morale dans les discours et le vice dans les actions : « L'usage, écrit-il, nous fait voir une distinction énorme entre la dévotion et la conscience. [3] » Il va jusqu'à nous confier au dernier chapitre des *Essais* : « Entre nous, ce sont choses que j'ai toujours vues d'un singulier accord : les opinions supercélestes et les mœurs souterraines. [4] »

---

1. *Livre III, chapitre 2.*
2. *Idem.*
3. *Idem.*
4. *Livre III, chapitre 13.*

Convenons-en : c'est mépriser l'homme que le vouloir étourdir afin qu'il s'amende, ou encore de le griser afin de le mieux faire marcher. Sans doute Montaigne s'incline-t-il, et nous convie-t-il à nous incliner, devant la sainteté de « ces âmes vénérables élevées par une ardeur de dévotion et religion à une constante et consciencieuse méditation des choses divines [1] », mais sa modeste évaluation de lui-même le dispense de prétendre à une perfection supérieure car il craint de laisser une distance entre le discours et l'acte : « Je vois souvent qu'on nous propose des images de vie, lesquelles ni le proposant, ni les auditeurs n'ont aucune espérance de suivre, ni, qui plus est, envie (...). Il serait à désirer qu'il y eût plus de proportion du commandement à l'obéissance. [2] »

Comment ne pas partager cette conviction qu'il convient que le précepte et l'action coïncident, que les plus sublimes préceptes, les théories ou codes les plus raffinés, les systèmes les plus imposants ne valent que dans la mesure où ils sont réalisables ? Pour Montaigne – il n'a jamais varié sur ce point – la morale des livres et des discours est peu de chose, la morale des actions est tout : « C'est sans doute une belle harmonie quand le faire et le dire vont ensemble... le vrai miroir de nos discours est le cours de nos vies. [3] »

---

1. *Livre III, chapitre 13.*
2. *Livre III, chapitre 9.*
3. *Livre II, chapitre 26.*

Vivre aujourd'hui comme l'honnête homme que proposent les *Essais*, ce serait s'examiner sans complaisance et ne pas annoncer plus qu'on ne pourra tenir, ne pas se mentir à soi-même ni mentir aux autres, être juste et tolérant, apte à se préoccuper de l'intérêt général et ne pas rejeter les saines occasions de plaisir, si souvent qu'elles se présentent... parce qu'une vie d'homme est le produit d'une liberté qui s'exerce journellement, pour l'orienter dans son cours, et la régler dans son allure.

Montaigne, honnête homme d'Aquitaine, qui rendit l'âme le 13 septembre 1592 à l'âge de cinquante-neuf ans, est notre contemporain.

Chapitre 14

« Ai-je perdu mon temps ? »

(Livre II, chapitre 18)

Les *Essais* enseignent à penser librement.

Leur lecture enseigne à penser librement, ce qui suffit hier à rendre leur auteur suspect aux idéologues fervents des systèmes de pensée clos qui prétendirent organiser les rapports sociaux; ce qui explique aujourd'hui son étonnante modernité, en cette fin du XXe siècle où se sont heureusement effrités les dogmatismes.

Montaigne n'expose pas une doctrine ni ne propose un modèle de comportement vertueux qui serait reproductible en série, conforme aux canons d'une école de pensée ou d'une Église. Il nous suggère qu'une vie d'homme est digne et belle si elle résulte d'une liberté vécue chaque jour, qui l'oriente dans son cours et la règle dans son allure.

Morale de l'existence quotidienne, morale d'honnêtes hommes qui, parce qu'ils sont respectueux de toute personne, ont écarté théories et dogmatisme, morale exigeante de ceux qui veulent vivre proprement, sans prétendre à l'héroïsme ou à la sainteté.

Morale du devoir social également, qu'il convient sans doute d'actualiser. Dans une démocratie, il faut que chaque citoyen s'intéresse plus activement aux affaires de son pays que n'y était obligé au XVIe siècle un gentilhomme retiré dans ses terres et ne prétendant pas à la faveur des puissants. Certes, Montaigne a dit l'essentiel sur l'obligation pour chacun de rendre « à la société publique les devoirs et offices qui le touchent », mais il a interprété l'obligation selon son temps, où l'on imagine qu'une certaine forme de détachement, ou d'indifférence à la politique, pouvait passer pour être la marque d'un bon esprit.

L'homme citoyen d'aujourd'hui doit s'exprimer, mais il ne peut se contenter de voter; il convient qu'il s'intéresse à la gestion des affaires publiques, qu'il participe à la transformation de son environnement, qu'il exerce son esprit critique pour résister à toute forme de manipulation.

« La décadence d'une société commence quand l'homme se demande “ que va-t-il arriver ? ” au lieu de se demander “ que puis-je faire ? ” » écrivait justement, naguère, Denis de Rougemont. Observons sans hostilité qu'à force d'adapter les propositions électorales à chaque groupe social, à chaque catégorie professionnelle, à chaque classe d'âge; à force de traquer la moindre revendication pour s'en faire les champions; à force d'exposer les programmes comme on présenterait une carte de restaurant... les groupes partisans ont défiguré la politique. La liberté donne des droits à chacun, mais lui impose des obligations, notamment celle de faire des choix, de les exprimer et de les assumer.

Il paraît urgent de remettre en vigueur le terme et l'idéal d'humanisme, tel qu'il apparut en Europe au siècle appelé de la Renaissance, tel qu'il fut exprimé par Montaigne, honnête homme d'Aquitaine. L'humanisme, c'est croire en l'homme, et préférer cette croyance aux fascinations du progrès, de l'argent, de la science, ou de la technique. L'humanisme, c'est croire en l'homme, le respecter, et lui faire confiance.

L'humanisme avancé par Montaigne prétend justement assumer la totalité de chaque homme : corps, cœur et esprit. L'homme n'est pas seulement constitué de désirs et besoins, pas davantage simplement une machine à produire et consommer au gré des nécessités du système social. Il convient d'accepter sa dimension ludique, sa créativité, comme ses rêves et sa capacité d'aimer.

Montaigne ne s'est pas soucié de construire un système; il a simplement décrit l'ordonnance de sa vie. A nous de construire la nôtre, en fonction de notre détermination. « Comment se donner aux autres, si on ne se connaît pas soi-même ? »

Sommaire

Livre I

« Il faut frotter
et limer notre cervelle
contre celle d'autrui. »

Livre II

« Je n'y durerais pas :
je suis trop tendre. »

Livre III

« L'âme agitée de cette tracasserie publique. »

Livre IV

« Tout le monde se reconnaît
en mon livre et mon livre en moi. »

Directeur artistique : Pascal VANDEPUTTE
Directrice littéraire : Huguette MAURE

Cet ouvrage a été réalisé par la
SOCIÉTÉ NOUVELLE FIRMIN-DIDOT
Mesnil-sur-l'Estrée
pour le compte des Éditions Michel Lafon
en août 1992

Imprimé en France
Dépôt légal : août 1992
N° d'édition : 0152 – N° d'impression : 21447
ISBN : 2-908-65203-X

50.1003.8